NOTICE HISTORIQUE

SUR

LA VILLE ET LE PORT DE DIEPPE.

TYPOGRAPHIE HENNUYER, RUE DU BOULEVARD, 7, BATIGNOLLES
Boulevard extérieur de Paris.

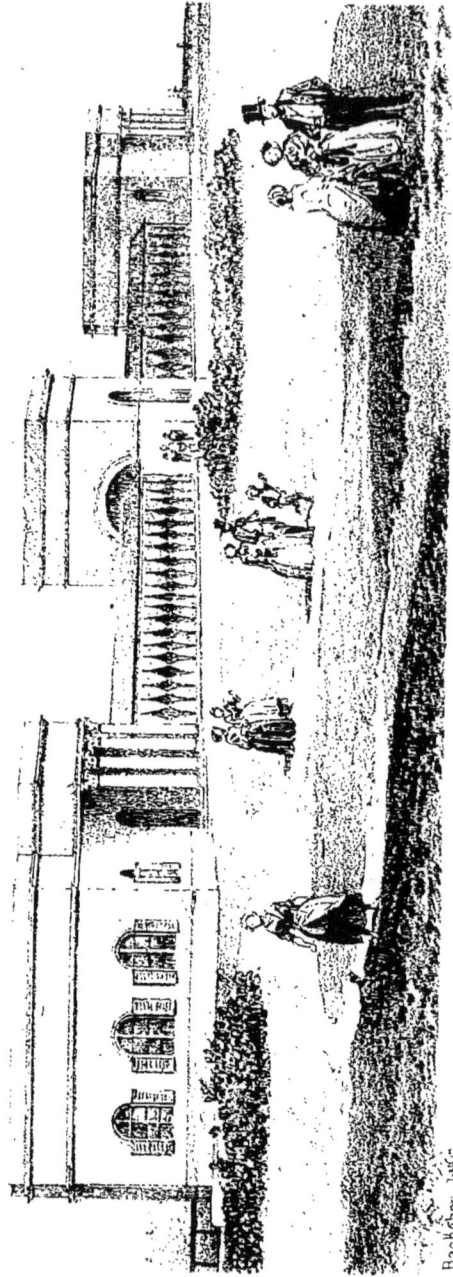

BAINS DE DIEPPE.

Bachelier, éditeur.   Imp Lemercier, Paris

NOTICE HISTORIQUE

SUR LA VILLE ET LE PORT

DE DIEPPE

PAR M. FRISSARD

INSPECTEUR GÉNÉRAL DES PONTS ET CHAUSSÉES,

ANCIEN INGÉNIEUR DU PORT DE DIEPPE.

Ornée de gravures.

PARIS

CARILIAN-GŒURY ET Vor DALMONT

LIBRAIRES DES CORPS IMPÉRIAUX DES PONTS ET CHAUSSÉES ET DES MINES

QUAI DES AUGUSTINS, 49.

—

1854

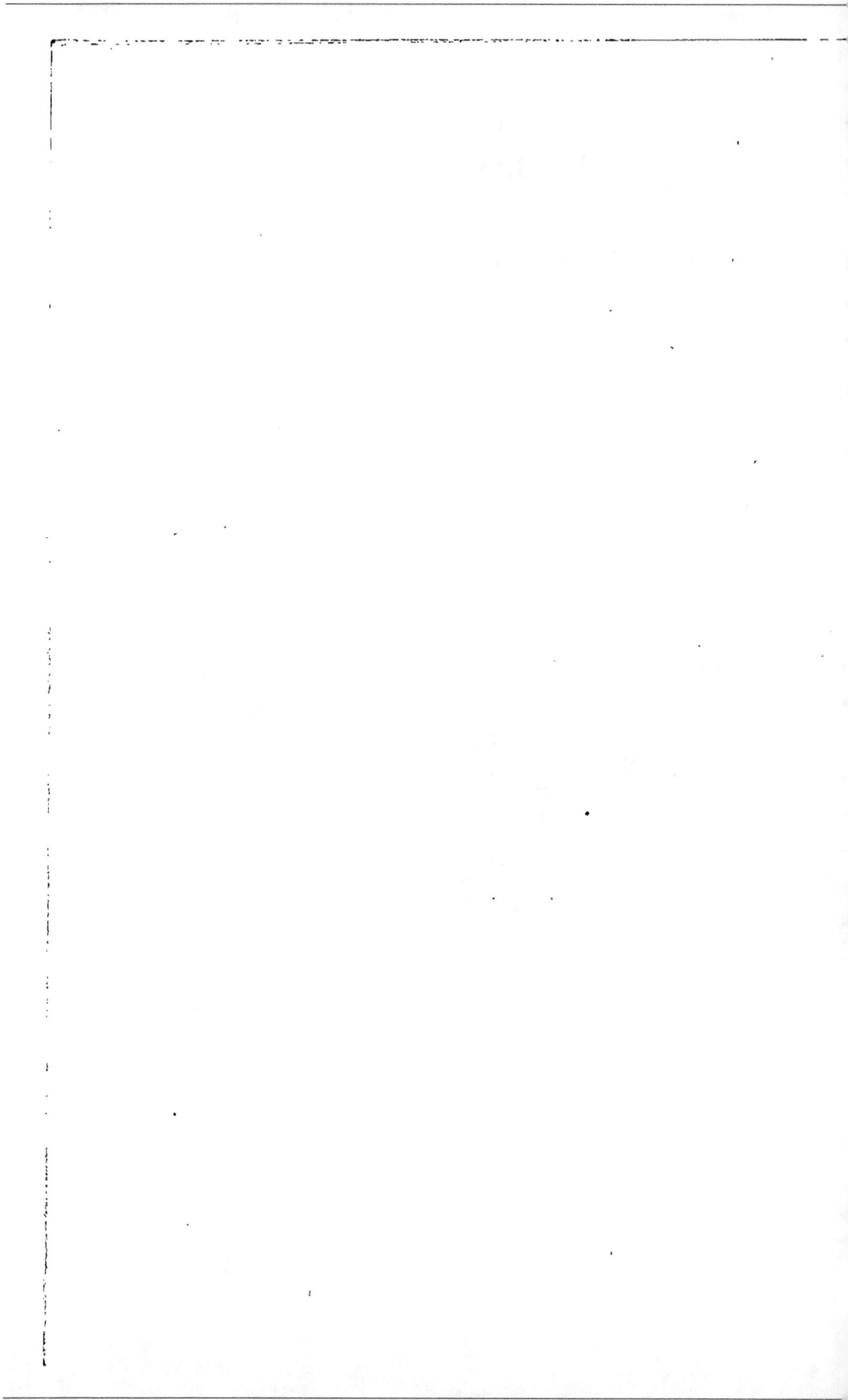

NOTICE HISTORIQUE [1]

SUR

LA VILLE ET LE PORT DE DIEPPE

~~~~~~~~~~~~~~~

CHAPITRE PREMIER.

LA VILLE.

ORIGINE. — C'est en vain que l'on a cherché dans les écrits des anciens l'origine de Dieppe ; mais les nombreux débris que l'on rencontre à la surface du sol, ou à peu de profondeur, prouvent évidemment que ce territoire a été habité successivement par les Celtes, les Gaulois, les Romains, les Gallo-Romains, et enfin par les Normands.

ANTIQUITÉS. — C'est surtout depuis 1822 que des fouilles intelligentes ont fait découvrir les traces du séjour de ces divers peuples. A Caudecôte et à Neuville, on a trouvé des débris de tuiles et de vases

---

[1] Cette notice est détachée d'une histoire des ports de France dont s'occupe l'auteur. On en a retranché les détails et les dessins, qui ne sont relatifs qu'à l'art de l'ingénieur

antiques, couverts de figures en relief, des tombeaux, des urnes cinéraires, des médailles, des armures, appartenant aux époques romaine et gallo-romaine. Près de Sainte-Marguerite, la charrue a découvert une mosaïque remarquable par ses dessins et par ses couleurs ; à peu de distance, la falaise, en s'écroulant, a entraîné trois tombeaux en gypse ; enfin on a découvert les fondations de plusieurs constructions romaines.

CAMP DE CÉSAR, OU CITÉ DE LIMES. — La trace la plus évidente et la plus remarquable de l'occupation du territoire par des peuplades anciennes, c'est la vaste enceinte fortifiée que l'on remarque au sommet de la falaise, à peu de distance et à l'ouest de Dieppe, que l'on désigne vulgairement sous le nom de *Camp de César*, et que l'on appelle aussi cité de Limes. Cette immense circonvallation fut visitée, en 1740, par l'abbé Fontena ; elle a été l'objet de sérieuses investigations de la part des archéologues ; mais M. Féret, bibliothécaire de la ville de Dieppe, a su lever tous les doutes en faisant, pour ainsi dire, l'histoire de cet établissement. Des fouilles nombreuses lui ont fait découvrir des chaînes de *tumuli*, ces tertres de gazon qui marquaient le lieu du tombeau, de ces cavités appelées *tuguria*, dans lesquelles il a reconnu tous les caractères de ces demeures à demi-souterraines ; enfin, ce savant archéologue est parvenu à démontrer et à convaincre que les remparts gazonnés qui entourent cet *oppi-*

dum ont été élevés primitivement par les Gallo-Belges, les plus anciens habitants de cette côte; que plus tard les Romains ou les Gallo-Romains se servirent, à leur tour, de cette vaste forteresse, et qu'enfin au moyen âge, les pirates saxons et romains y cherchèrent un refuge et une position retranchée. Plus de dix-huit siècles ont passé sur toutes ces ruines, et l'on sait y retrouver les noms et les âges de leurs premiers habitants.

INVASION DES BARBARES. — Tous ces établissements, fondés par des nations qui n'étaient étrangères ni aux arts ni à la civilisation, entouraient un vaste bassin compris entre deux coteaux, et qui s'étendait jusqu'à la ville d'Arques, dont la fondation remonte au delà du dixième siècle. Ce port naturel, assez profond pour la marine du temps, offrait une des plus belles stations navales; mais s'il était un refuge pour leurs navires, il était en même temps un appât pour leurs ennemis. Aussi tout a-t-il été détruit par les barbares; et à ces peuples géants succédèrent des pêcheurs et des pirates, qui s'établirent d'abord au fond de la vallée, sous les murs de la ville d'Arques.

BERTHEVILLE. — Les peuples du Nord choisissaient souvent cette vallée pour faire des irruptions sur nos côtes. Charlemagne voulut mettre un terme à leurs brigandages; il construisit un fort sur la falaise de l'*est*, à l'embouchure de la vallée; il lui donna le nom de Berthe, porté par sa mère et par une de ses filles. Les pêcheurs vinrent s'établir plus près de la mer, sous la protection de ce fort, et cette première agglomération de cabanes prit le nom de Bertheville.

Sous Charles le Chauve, vers 850, les Normands firent une nouvelle invasion; ils s'emparèrent du fort, qu'ils détruisirent, pillèrent le village, s'associèrent ensuite avec les pêcheurs, dépouillaient indifféremment les Anglais et les Français, et se distribuaient le fruit de leur piraterie.

DIEPPE. — Les nouveaux venus substituèrent le nom de Dieppe à celui de Bertheville. Ce nom était celui de la rivière qui débouchait à la mer, après avoir reçu, vers Arques, les eaux des rivières d'Arques et d'Eaulne ; on prétend que le nom de Dieppe vient lui-même du mot normand *Dyppe* ou *Diep*, qui signifie profond ou bon mouillage. La rivière a changé de nom, car elle s'appelle aujourd'hui la Béthune ; mais la ville a conservé le nom qu'elle devait à la rivière dont l'embouchure formait son port.

Rollon, reconnu pour le souverain de toute la Neustrie, fit de Dieppe son principal port. En 930, la ville fut établie sur le banc de galets où elle est encore aujourd'hui, et elle fut entourée d'une forte palissade et d'un vaste fossé.

Vers 1067, Guillaume le Conquérant s'embarqua à l'embouchure de la Dieppe, pour retourner en

Angleterre. C'était à ce port que s'embarquaient les Normands qui allaient rejoindre Guillaume. A partir de cette époque, Dieppe devint le port français de l'Angleterre.

PÊCHE, NAVIGATION, COMMERCE. — Pendant longtemps les produits de la pêche, joints à ceux de la piraterie, suffirent aux besoins de la cité maritime ; des salines furent créées pour saler le poisson et pouvoir le transporter au loin ; mais bientôt la civilisation faisant des progrès, et la population augmentant, il fallut chercher d'autres ressources. Ces besoins nouveaux furent la source de la prospérité et de la gloire des Dieppois. Ils s'occupèrent de la navigation et du commerce maritime ; les forêts voisines leur fournirent les bois nécessaires à la construction de leurs navires ; ils trouvèrent chez eux des hommes habiles et braves, pour les diriger et les commander.

Il est maintenant incontestable que les Dieppois ont ouvert, les premiers, les barrières qui séparaient les deux mondes. Dieppe doit être considérée comme la patrie des premiers voyageurs de l'Europe.

DÉCOUVERTES. — Dès le quatorzième siècle, avant que les Portugais et aucun autre peuple eussent entrepris des navigations lointaines, les Dieppois ont connu et fréquenté les côtes d'Afrique ; depuis le 28e jusqu'au 5e degré de latitude nord ; leur première apparition sur la côte de Guinée date de 1364 ; ils y fondèrent une colonie. qu'ils appelèrent

Petit-Dieppe; ils donnèrent à deux peuplades les noms de grand et de petit Paris. Ce ne fut que cinquante ou soixante ans plus tard que les Portugais parurent dans ces parages.

En 1405, Béthancourt, seigneur de Grainville-la-Teinturière, s'écarta des côtes, rencontra une des Canaries, retourna en prendre possession, et la céda ensuite au Portugal.

Un Dieppois, mathématicien et astronome, Descaliers, contribua beaucoup aux succès de ses compatriotes.

Le capitaine Cousin, profitant des leçons et des indications de Descaliers, ne craignit pas de s'éloigner des côtes et de s'élancer à travers l'Océan ; il découvrit le fleuve des Amazones. En 1488, Cousin doubla le cap de Bonne-Espérance, navigua dans la mer des Indes avant tous les autres Européens, les Portugais exceptés.

En 1508, Thomas Aubert et Jean Verassen, stimulés par les découvertes des Espagnols, se dirigèrent vers le nord de l'Amérique, et découvrirent le fleuve Saint-Laurent, qu'ils remontèrent en établissant des relations commerciales. Ce fut la même année que les Dieppois découvrirent, conjointement avec les Bretons, l'île de Terre-Neuve et s'y établirent.

TRAITE DES NÈGRES, COLONIES. — Lorsque les Dieppois eurent abordé sur les côtes d'Afrique, au delà du cap Vert, ils transportèrent des nègres en Amé-

rique ; plus tard, ils obtinrent un privilége exclu-
sif pour la traite des nègres, et fondèrent alors une
colonie au Sénégal.

Sous Charles.IX, les Dieppois établirent une colonie dans la Floride.

Sous Henri IV, Champlain, de concert avec
la ville de Rouen, parvint à élever et à maintenir
un établissement au Canada : il y fonda Québec ;
en même temps, la mer des Antilles voyait un
Dieppois, Vendrosque Diel d'Enambuc, fonder des
colonies aux îles Saint-Christophe et de la Martinique.

Si les découvertes des Dieppois ont été contestées,
c'est que, loin d'en tirer vanité comme les Espagnols
et les Portugais, ils gardaient, au contraire, le secret le plus absolu; ils redoutaient une concurrence commerciale, et préféraient les immenses
profits que leur procurait un monopole qu'ils cher-
chaient à conserver, en exagérant les difficultés et
les périls des voyages, à une gloire qu'un gouvernement, indifférent devant des succès qui auraient
dû l'intéresser à un haut degré, n'aurait su ni apprécier ni récompenser.

Lorsque les Dieppois abordèrent, au quatorzième
siècle, sur les côtes de la Guinée, ils y trouvèrent
des nègres qui reçurent avec plaisir quelques petits
présents, et leur donnèrent, en échange, des dents
d'éléphant. Ces marins ayant fait part de leurs découvertes à leurs armateurs, on envoya deux navires
chargés de marchandises que l'on jugea pouvoir

convenir à ce peuple nouveau, et ils rapportèrent de la poudre d'or, des dents et des défenses d'éléphant, et des bois étrangers ; les nègres eux-mêmes devinrent des objets d'échange : telle fut l'origine de la fortune commerciale des Dieppois.

Plus tard, les Dieppois firent un commerce très-étendu en épiceries fines, et leur port fut longtemps le seul en France qui reçut les denrées du Nouveau-Monde.

IVOIRERIES. — Ces premières dents d'éléphants furent l'origine d'un art et d'une industrie qui procurèrent aux Dieppois honneur et profit. C'est à Dieppe que l'ivoire est travaillé avec le plus de goût et de talent. Ils excellaient tellement dans cet art, dans le cours du dix-septième siècle, et donnaient un fini si parfait à leurs ouvrages, qu'on croyait qu'ils possédaient le secret d'amollir l'ivoire. Ils n'employaient pas seulement les défenses et les dents d'éléphant ; mais les dents des morses, qu'ils pêchaient autrefois au golfe de Saint-Laurent, leur fournissaient aussi une matière très-propre aux sculptures délicates. Ils sculptent également bien tous les corps durs, tels que le coco et l'ébène ; les souverains et les princes qui ont habité ou visité Dieppe ont accepté de la ville plusieurs ouvrages en ivoire, qui ont fait leur admiration et qui pourraient figurer parmi les produits les plus délicats et les plus précieux de l'industrie française. Lemarchand, mort en 1726, fut un des sculpteurs en ivoire qui eurent de la célébrité; il exporta son talent et son industrie en Angleterre; il y fit des bustes et des têtes en bas-relief qui avaient le double mérite d'une belle exécution et de la ressemblance. Cet art est loin d'avoir dégénéré, car on pourrait citer encore, à Dieppe, des artistes très-distingués, dont les étrangers estiment et recherchent les œuvres

LES FLIBUSTIERS. — Si Dieppe a eu la gloire de donner naissance à des navigateurs habiles et courageux, qui ont fait des découvertes utiles et profitables à leur pays, elle fut aussi le berceau de la *flibuste*; une partie de ses intrépides marins a fourni le noyau de cette société des Frères de la Côte, devenus ces flibustiers qui avaient voué une haine à mort aux Espagnols; ils s'emparaient de leurs galions avec un courage et une audace qui effrayaient tellement leurs adversaires, souvent beaucoup plus nombreux, qu'ils ne songeaient même pas à se défendre. Les flibustiers, dont le cri de guerre était *Flibuste ou la mort!* ont acquis la réputation d'un courage extraordinaire. Ils se recrutaient surtout à Dieppe; ils furent, pendant vingt ou trente ans, la terreur de toutes les nations, et surtout des Espagnols, mais leur puissance ne fût qu'éphémère; on les vit, avant la fin du dix-septième siècle, s'éteindre et s'éclipser peu à peu. Le dernier de cette milice redoutable est mort très-âgé, à Dieppe, en 1743. On dit que, longtemps après l'extinction des flibustiers, on remarquait encore dans la population dieppoise des germes de son ancien penchant à la flibusterie.

Si le principal but des Dieppois était d'acquérir des richesses, en faisant des découvertes qui leur donnaient les prémices d'un commerce très-lucratif, ils saisissaient aussi toutes les occasions de servir leur pays; ils ne ménageaient ni leur sang, ni leurs richesses, lorsqu'ils s'agissait du pavillon qu'ils avaient fait flotter au delà des limites du monde connu.

LES DIEPPOIS FONT LA GUERRE SUR MER. — A cette époque, la guerre sur mer se faisait plutôt entre les sujets qu'entre les souverains. Un salut refusé ou mal rendu, la susceptibilité d'un commandant, donnaient lieu à un engagement, qui se terminait par une prise. Mais quelquefois aussi l'honneur national était engagé, et l'on pourrait citer de nombreux combats dans lesquels les Dieppois se sont montrés de bons et de braves marins.

En 1337, lorsque Philippe de Valois voulait empêcher le débarquement des troupes anglaises qui venaient renforcer Édouard, il eut recours aux Génois et aux navires marchands de ses sujets. Dieppe arma cinquante navires, commandés par Jean Béhuchet. Edouard fit équiper une flotte nombreuse. Les deux flottes se rencontrèrent à la hautéur de l'Ecluse. Les Dieppois attaquèrent avec leur impétuosité ordinaire; mais l'incapacité et la retraite trop précipitée du Génois Barbavera laissèrent les Dieppois exposés seuls aux coups des Anglais et des Flamands; des cinquante navires de Dieppe, cinq seulement rentrèrent dans le port.

Charles V eut recours aux Dieppois dans toutes les guerres qu'il eut à soutenir contre les Anglais. En 1370, ce roi fit passer sur leurs navires les troupes qui brûlèrent Portsmouth. En 1371, les Anglais bloquaient La Rochelle; Charles fit savoir aux Dieppois qu'il avait besoin d'eux pour chasser les Anglais; leur flotte, commandée par Ambroise, battit et dispersa la flotte anglaise.

En 1485, les Dieppois prêtèrent gratuitement leurs navires au comte de Richemont, pour passer en Angleterre et faire valoir ses droits à la couronne. Devenu Henri VII, ce prince, au lieu d'être reconnaissant de ce service, laissa attaquer les Dieppois par ses sujets. La vengeance ne se fit pas attendre : ayant obtenu de Charles VIII la permission de combattre les Anglais, les Dieppois armèrent une flotte, qui se rendit maîtresse de la mer et s'empara de tous les navires anglais qu'elle rencontra.

Parmi ces faits d'armes, il en est un qui fit l'admiration de tous les marins de la France et de l'Europe. Je le laisse raconter à M. Vitet, auteur d'une histoire de Dieppe, très-complète et très-estimée.

« En l'année 1555, la gouvernante des Pays-Bas, au mépris du droit des gens, venait de saisir et de confisquer à son profit tous les navires français trafiquant dans les ports de Flandre. Il fallait tirer prompte vengeance de cet affront. Henri II donna l'ordre à Coligny, son amiral, de mettre une flotte en mer. Malheureusement nos ports étaient vides; nous n'avions de vaisseaux que sur nos chantiers. Je ne connais, dit l'amiral, que les bourgeois et les marchands de Dieppe qui puissent fournir une flotte à Votre Majesté. Il fallut donc avoir recours aux Dieppois; ceux-ci, fiers de cet honneur, répondirent qu'ils ne demandaient au roi que moitié des frais de l'armement, faisant du reste leur affaire. La seule condition qu'ils mettaient à leur offre, c'est que les capitaines seraient tous enfants de la ville, afin que s'il y avait de l'honneur à recueillir il ne revînt qu'à eux.

« Les choses ainsi conclues, dix-neuf navires, ou plutôt dix-neuf bateaux pêcheurs, dont les plus forts n'étaient que de 120 tonneaux, furent équipés et armés en guerre. Les capitaines nommèrent pour chef de cette petite armée navale Louis de Bures, sieur d'Épineville, qui montait *le Saint-Nicolas*. Coligny lui envoya une commission signée du roi, en le remerciant, au nom de Sa Majesté, de ce que lui et les siens entreprenaient pour l'honneur du royaume.

« Voilà donc nos dix-neuf barques marchandes transformées en flottille royale; elles sortent du port le 5 août et s'en vont se placer au milieu de la Manche, en vue de Douvres et de Boulogne, attendant qu'il vînt à passer quelques navires sous pavillon de Flandre. Le 11 août, au point du jour, vingt-quatre grandes voiles furent signalées au sud-ouest ; c'était une flotte flamande toute composée de hourques, espèce de grands bâtiments élevés et fort longs, bien armés de canons, et du port de 4 à 500 tonneaux. Ces vingt-quatre navires arrivaient d'Espagne, chargés d'épices et de marchandises pour les Pays-Bas. Se reposant sur la force et le nombre de ses bâtiments, l'ennemi s'avançait à pleines voiles, sans daigner se détourner ni faire la moindre attention à ces frêles embarcations qu'il apercevait devant lui.

« Cependant les Dieppois, jugeant bien que c'était jouer gros jeu, mais ne voulant, à aucun prix, gagner le large, s'étaient rangés en bataille. Aidés par la marée et manœuvrant avec adresse, ils se trouvèrent tout à coup et comme à l'improviste au milieu de l'escadre ennemie. Les Flamands, lourds de leur nature et confiants en leurs forces, avaient à peine eu le temps de lâcher une volée de leur formidable artillerie que déjà le harpon était lancé sur leurs navires, et les Dieppois s'élançaient à l'abordage. Ce n'était déjà plus un combat, c'était un assaut. Les Flamands, quittant leurs canons, se défendirent en gens de cœur ; la mêlée devint furieuse, et le brave chef des Dieppois tomba frappé mortellement. Tout à coup des torrents de flammes et de fumée s'élèvent d'une des hourques, et au même instant *la Palme*, montée par le capitaine dieppois Beaucousin, paraît aussi tout en feu. Beaucousin, sur le point d'être accablé, avait fait jeter sur cette hourde des lances à feu et des matières imflamma- bles ; mais, n'ayant pu se dégager assez vite, son propre bâtiment avait été atteint par les flammes. Aussitôt tout change de face, il ne s'agit plus de se battre, mais d'éviter l'incendie, de s'isoler de ces deux malheureux navires enflammés. Dans cette horrible confusion, trois bâtiments dieppois sont écrasés en- tre deux hourdes et coulés bas. Par bonheur, les autres parviennent à se dégager et à gagner le haut du vent. Les Flamands, moins agiles à la manœuvre, ne peuvent manier leurs gros et lourds bâtiments ; on en voit jusqu'à douze s'engloutir à demi-con- sumés ; ceux qui échappent sont poursuivis par les Dieppois, qui les entourent, les attaquent de nouveau à l'abordage, et finissent par s'en emparer. Le lendemain, 12 août, la flottille, veuve de son commandant, et réduite à quatorze ou quinze voiles, mais victorieuse et traînant à la remorque six de ces grandes hourques flamandes, richement char- gées, rentre dans son port, au milieu de la popula- tion accourue sur le rivage, au bruit des cloches en volée et de toute l'artillerie des remparts. »

Dans cent autres rencontres, soit contre ces mêmes Flamands, soit contre les Portugais, les Es- pagnols ou les Anglais, sur les côtes de l'Inde, comme sur les côtes de France, on vit ces hardis pêcheurs déployer la même adresse, la même intré- pidité.

GUERRES CIVILES. — GUERRES DE RELIGION.. — GUERRES
NATIONALES. — Les découvertes, le commerce, l'industrie, qui faisaient croître et prospérer Dieppe,
furent souvent interrompus, entravés, par des guerres nationales, des guerres civiles, des guerres de
religion. Plusieurs fois cette ville fut détruite, son
port fut désert, et toujours le courage et la persévé-
rance des Dieppois reconstruisirent une ville nouvelle, garnirent le port de nouveaux navires, et y
firent renaître la prospérité.

Jetons un coup d'œil rapide sur ces époques dé-
sastreuses, qui sont souvent honorables pour les
Dieppois.

La chronique dit que la ville naissante, après
avoir été pillée deux ou trois fois par les pirates
normands, dans le cours du neuvième siècle, Dieppe
et son château furent pris de vive force et détruits
de fond en comble par Rollon, le Charlemagne normand.

En 1044, Guillaume, fils de Robert le Diable, duc
de Normandie, succéda, quoique bâtard, au duché
de Normandie ; il reçut l'hommage des Dieppois en
1047. Ils répondirent à l'appel de leur souverain,
lorsqu'en 1066 il partit pour faire la conquête de
l'Angleterre. Leurs navires furent les premiers arri-
vés au port d'embarquement. C'était pour les Dieppois une occasion de prouver leur attachement et
de satisfaire leur goût pour les expéditions maritimes. Dieppe devint l'entrepôt des marchandises
l'Angleterre et de la Normandie. Une catas-

trophe terrible vint bientôt fondre sur cette cité.

En 1194, Richard Cœur-de-Lion, roi d'Angleterre et duc de Normandie, vint pour reprendre le château d'Arques, dont Philippe-Auguste s'était emparé. Ce prince accourut pour défendre sa conquête; Richard, attaqué à l'improviste, fut vaincu sous les murs d'Arques et se retira dans Dieppe; Philippe l'y poursuivit et livra plusieurs assauts inutiles et meurtriers. Les Dieppois défendirent leurs palissades avec la plus grande valeur, ce qui donna le temps à Richard de s'embarquer. Le troisième jour, Philippe entra dans Dieppe; irrité de la résistance des Dieppois et surtout d'avoir manqué l'occasion de faire Richard son prisonnier, il saccagea la ville, la réduisit en cendres, brûla leurs navires et emmena les habitants prisonniers. A peine Philippe-Auguste s'était-il retiré que les débris de la population vinrent reconstruire des cabanes sur les ruines de leurs maisons; ils reprirent la pêche et la navigation, et quelques années après, lorsque les deux princes eurent conclu la paix, de grandes pertes étaient déjà réparées, mais la ville fut plus de cent ans à se relever.

En 1203, Philippe-Auguste prit possession de la Normandie, qui fut réunie à la couronne de France. Les Dieppois vouèrent aux rois de France les mêmes sentiments d'amour et de fidélité qu'ils avaient eus pour les ducs de Normandie. La population de la ville s'accrut, en même temps que les produits de sa navigation et de son commerce s'augmentèrent.

Lorsqu'en 1339, la flotte française fit le siége de Southampton, les Dieppois se montrèrent les marins les plus agiles et les plus audacieux. La ville fut pillée et incendiée, et c'est à Dieppe qu'on vint partager le butin. Mais pendant qu'ils prenaient part à cette expédition, les Anglais et les Flamands opérèrent, à l'improviste, une descente à Dieppe ; ils ravagèrent la ville, qui était alors sans forteresse et sans garnison, et après avoir mis le feu à quelques maisons, ils se retirèrent précipitamment, en apprenant que les châteaux voisins envoyaient leurs hommes d'armes au secours de la ville.

Les Dieppois, instruits par ce nouveau malheur, demandèrent et obtinrent l'autorisation de fortifier leur ville; ils bâtirent alors des murailles entourées de fossés, qui formèrent l'enceinte de la nouvelle ville, qui n'a pas varié depuis cette époque du côté de la mer, si ce n'est que les fossés ont été comblés et que les remparts font maintenant partie des constructions particulières, dans lesquelles ils sont enclavés.

Ces précautions n'étaient pas inutiles; car, en 1412, les Anglais débarquèrent dans la baie de Pourville et assiégèrent Dieppe par terre et par mer; les Dieppois les forcèrent à se rembarquer, après avoir perdu leur général.

Henri V, roi d'Angleterre, et qui se prétendait aussi roi de France, se présenta devant Dieppe, pour recevoir les hommages des habitants. Les portes lui furent ouvertes après un siége de trois semaines.

Les Dieppois se firent pardonner cette infidélité passagère au roi de France, en chassant les Anglais de leurs murs, en 1431. L'attaque fut préparée et dirigée par Desmarets, gentilhomme dont la fidélité et la valeur étaient déjà connues. Ce brave Dieppois s'occupa de suite de mettre la place en état complet de défense. Il fit bâtir les trois grosses tours du château, qui regardent la mer ; les autres bâtiments ont été ajoutés, au seizième siècle.

Les Anglais jurèrent de se venger de cet affront fait à leurs armes : Talbot, un des meilleurs généraux de l'Angleterre, se présenta devant Dieppe, avec son armée, en novembre 1442. Il avait d'abord établi son camp du côté du château ; mais s'apercevant que ce côté de la ville était bien fortifié, il passa la rivière à Etran et vint s'établir sur la côte de l'est qui domine la ville, et y fit construire une espèce de fort, que l'on appela la Bastille, et le garnit d'artillerie. Son premier effet fut d'éteindre le feu de la tour aux Crabes qu'il dominait. Les Anglais tentèrent un assaut, en traversant le port à mer basse, mais ils furent repoussés par les Dieppois, auxquels les femmes apportaient des munitions. Le comte de Dunois vint secourir Dieppe, à la tête de mille Français. Le siège durait depuis plus de cinq mois, lorsque Talbot reconnut la nécessité d'aller chercher du renfort en Angleterre ; de son côté, Dunois courut vers Charles VII solliciter de nouveaux secours. Le Dauphin, qui fut depuis Louis XI, était en ce moment près du roi. Saisissant

cette occasion d'acquérir de la gloire, il pria son
père de lui permettre d'aller faire ses premières
armes devant Dieppe. Le roi y consentit, et lui
donna pour compagnons les comtes de Dunois et de
Saint-Pol, les sires de Graincourt et de Châtillon.
A son départ, il n'avait que seize cents hommes ;
à son arrivée à Dieppe, son armée, recrutée en route,
se montait à trois mille hommes.

Les Anglais attendaient de moment en moment
une flotte considérable, commandée par le duc de
Sommerset, il n'y avait donc pas un instant à per-
dre. Le Dauphin vint poster devant la bastille six
cents de ses meilleurs soldats, pour tenir l'ennemi
en échec ; puis il fit exécuter, d'après l'idée et les
dessins d'un constructeur de navires, six grandes
plates-formes montées sur quatre roues. Sur le des-
sus étaient de fortes et larges échelles, qu'on élevait
à volonté, au moyen de grues qui les soutenaient, à
une hauteur déterminée.

Aussitôt que ces machines furent terminées, les
bourgeois de Dieppe, soutenus par l'armée du Dauphin, les firent rouler jusqu'au pied de la bastille.
Les échelles furent élevées à la hauteur du rempart, et l'assaut fut immédiatement donné. L'attaque
fut terrible, mais les Anglais repoussèrent les as-
saillants avec intrépidité ; les Dieppois ne descendi-
rent de leurs échelles que sur l'ordre du Dauphin,
qui voyait qu'ils n'étaient pas secondés. Mais bientôt
ce prince harangue ses troupes, saisit une échelle
et s'élance sur le rempart ; il est suivi avec un

enthousiasme et une ardeur auxquels rien ne peut résister; la bastille fut envahie, prise et détruite.

Pendant ce dernier assaut, le clergé de Dieppe, suivi des femmes, des vieillards et des enfants, faisait une procession dans la ville, pour invoquer l'assistance de la sainte Vierge. Le Dauphin rentra dans Dieppe et se rendit immédiatement à l'église Saint-Jacques, pour rendre grâces à Dieu de sa victoire; il ne voulut pas sortir de la ville sans avoir offert à l'église Saint-Jacques une statue de la Mère de Dieu, de grandeur naturelle et en pur argent.

Enfin, pour éterniser le souvenir de leur délivrance, les Dieppois fondèrent, en l'honneur de la Vierge, une confrérie dite de la *Mi-Aoust,* destinée à faire célébrer, la veille, le jour et le lendemain de l'Assomption, des jeux et des cérémonies dans le goût du temps et qu'on nommait, dans le langage du pays, les *Mitouries de la Mi-Aoust.* Ces cérémonies présentant quelques scènes peu convenables, elles furent supprimées en 1684, sur la demande du curé de Saint-Jacques, et malgré les vives réclamations des marchands et des aubergistes. Mais elles donnèrent lieu à la formation d'une Société connue sous le nom de *Puy* ou *Palynod.* On y lisait des pièces de vers, qui firent autrefois grand bruit. Les auteurs se disputaient la palme, comme à l'Académie des Jeux floraux, et les Dieppois ont prouvé, plus d'une fois, que la marine et le négoce n'excluaient pas le culte des belles-lettres et de la poésie.

Un siècle de tranquillité succéda à quatre siècles d'orages ; les Dieppois en profitèrent pour refaire leur marine, renouer leurs relations commerciales et élever des monuments utiles. Grâce à la paix, toutes les plaies furent bientôt fermées, et la protection de Louis XI, de Charles VIII, de Louis XII et de François Ier, rendit la ville de Dieppe plus florissante que jamais.

Des guerres de religion, des guerres civiles, vinrent de nouveau arrêter ces progrès et détruire toutes les espérances. Cette époque désastreuse dura pendant plus d'un siècle ; elle commence à 1557 et ne finit qu'en 1685. L'abjuration de Henri IV, en 1593, fut regardée comme le présage d'un avenir de paix et de tranquillité et comme le terme de la guerre civile et des fureurs des partis. Mais les troubles se prolongèrent jusqu'après la révocation de l'édit de Nantes.

BATAILLE D'ARQUES. — La bataille d'Arques ne peut être omise dans une histoire de Dieppe, même la plus abrégée. Ce haut fait d'armes d'Henri IV a eu des conséquences trop graves sur la prospérité et la gloire de la France, pour être passé sous silence. Cette bataille eut lieu, pour ainsi dire, sous les murs de Dieppe, dans la vallée d'Arques, entre Martin-Eglise et Arques. Le roi, à la tête de ses gentils-hommes et de cinq à six mille soldats aguerris, a su vaincre le duc de Mayenne, qui commandait trente mille hommes. Ce fut cette journée chevaleresque qui, suivant l'expression d'un témoin oculaire, le comte d'Auvergne, fut la première porte par laquelle Henri entra dans le chemin de sa gloire et de sa bonne fortune.

Depuis longtemps on désirait qu'un monument indiquât ce champ de bataille mémorable. Une occasion favorable se présenta le 6 septembre 1827. Un simulacre de la bataille d'Arques fut représenté devant S. A. R. Mme la duchesse de Berry. J'avais fait élever un obélisque en planches, à l'endroit même où Henri IV déjeuna avec ses principaux officiers. Une souscription fut ouverte, au milieu des acteurs et des spectateurs de cette fête, et j'ai pu faire construire immédiatement un obélisque en pierre. M. Vitet, dans son intéressante *Histoire de Dieppe*, exprime le regret de ne voir aucune inscription indiquant à quelle fin ce monument a été construit ; il ignorait alors que les inscriptions avaient été détruites, en 1830, par des vandales, qui ne surent pas même respecter l'histoire glorieuse de leur pays. On lisait sur une des faces de l'obélisque :

BATAILLE D'ARQUES,

XXI SEPTEMBRE

M. D. LXXXIX.

Et sur une plaque de marbre blanc, ornant une des faces du piédestal, était gravée l'inscription suivante :

ÉRIGÉ

PAR SOUSCRIPTION OUVERTE,

LE 6 SEPTEMBRE 1827,

SUR LE CHAMP DE BATAILLE

D'ARQUES,

EN PRÉSENCE DE S. A. R. MADAME, DUCHESSE DE BERRY,

ET DE

S. A. R. MADEMOISELLE.

Après la bataille d'Arques, le roi prolongea son séjour à Dieppe jusqu'au 21 octobre ; il y reçut les secours que lui envoyait la reine d'Angleterre, et il marcha vers Paris, après avoir confirmé et étendu les priviléges de la ville de Dieppe, qui, la première, l'avait reconnu, et après avoir accordé des lettres de noblesse aux échevins et aux capitaines, qui n'étaient que de simples bourgeois.

Henri IV acquit de nouveaux titres à la reconnaissance des Dieppois, dont la majorité était protestante, par le célèbre Édit de Nantes, rendu en 1598. Cet édit accordait aux calvinistes la liberté de conscience, l'exercice de leur culte et l'admission aux charges et aux fonctions publiques.

Pourquoi faut-il qu'après avoir parlé d'une victoire et de jours de bonheur, nous ayons bientôt à enregistrer un grand désastre, une destruction complète de la ville de Dieppe, qui sera l'origine d'une décadence ?

La révocation de l'Édit de Nantes par Louis XIV (septembre 1685) fut déjà une première cause de perturbation. Les ministres protestants devaient sortir du royaume; mais les autres religionnaires ne pouvaient émigrer, sous peine des galères et de la confiscation de leurs biens.

Religio suadetur, sed non imperatur.

Malgré ces défenses, malgré les garnisaires établis chez les riches bourgeois, pour surveiller leurs démarches, beaucoup parvinrent à s'échapper, et portèrent en Angleterre une partie de leurs richesses et leur industrie commerciale.

BOMBARDEMENT DE 1694. — Le bombardement de 1694 vint surpasser toutes les calamités. Le 22 juillet, une flotte anglaise de cent vingt voiles se développait en cercle, depuis le cap d'Ailly jusqu'à la falaise de Berneval. Dix galiotes à bombes venaient mouiller en avant de cette flotte, sur la petite rade, en face de la ville.

A neuf heures du matin, le feu s'ouvre sur toute la ligne, les boulets battent les remparts et les maisons, les bombes pleuvent sur la ville, les navires retirés au fond du port sont bientôt brûlés; la ville, bâtie en bois et remplie de matières combustibles, est complétement incendiée. Les feux des batteries de la côte ripostent bien, pendant quelque temps et maltraitent l'ennemi, mais leurs feux sont bientôt éteints, et même ceux du château, par les innombrables projectiles de la flotte. La nuit n'interrompt pas les hostilités; l'embrasement général éclaire et dirige le bombardement.

Un énorme bâtiment, rempli d'artifices incen-
diaires, est lancé vers le port; l'entrée en était fermée par deux bateaux chargés de pierres, que l'on
y avait fait échouer. Ce bâtiment, d'ailleurs mal
dirigé, est coulé bas par un boulet tiré du dernier
canon resté à l'extrémité de la jetée de l'ouest; il
échoue à 100 mètres de cette jetée, en s'inclinant
heureusement vers la mer. Bientôt une explosion
épouvantable lance au loin les instruments de mort
renfermés dans cette machine infernale; mais elle
produit peu d'effet sur la ville et ses défenseurs.

Lorsque les Anglais cessèrent le feu, Dieppe
n'était plus qu'un monceau de cendres et de ruines. Les habitants, qui avaient été placés sur les
remparts, comme plus intéressés à défendre la ville,
voyaient brûler leurs maisons, sans pouvoir même
atténuer les effets de l'incendie, et les soldats, préposés à la garde de l'intérieur, pillaient les maisons, s'enivraient dans les caves où ils étaient en-
gloutis sous les décombres. Les deux églises de
Saint-Jacques et de Saint-Remy furent seules conservées, grâce à leur isolement, au courage et à
l'activité du clergé.

La flotte anglaise appareilla le 24, sans avoir
tenté un débarquement; elle partit avec la satisfaction d'avoir incendié une ville, et d'avoir joui du
cruel spectacle d'un vaste embrasement.

On s'occupa de suite des moyens de reconstruire
la ville; mais une discussion s'engagea tout d'abord
entre les partisans d'une ville nouvelle et ceux

d'une ville reconstruite sur les fondations de l'ancienne. Pendant que ce débat se prolongeait, les plus riches marchands, les meilleurs marins émigraient avec leurs familles; ils se rendaient au Havre, à Rouen, à Nantes, à La Rochelle, et ces ports profitèrent des découvertes et des connaissances nautiques des Dieppois. La question ne fut résolue que le 8 mars 1695. Mais il était trop tard, la déchéance de Dieppe était consommée : cette ville ne devait plus revoir sa prospérité, elle avait perdu ses richesses, ses capacités et le rang qu'elle occupait parmi les villes commerçantes.

Si l'ancien plan de la ville ne fut pas complétement abandonné, il fut au moins profondément modifié; mais on regrette encore aujourd'hui que cette reconstruction ait été confiée à un architecte sans goût et sans talent. Les façades des maisons sont lourdes et sans style, cependant les balcons saillants de la grande rue sont d'un bel effet les jours de fêtes, lorsqu'ils sont garnis de dames, de fleurs et de pavillons. Les intérieurs sont mal distribués, et, par une incroyable préoccupation, les escaliers ont été oubliés presque partout. On raconte que Vauban, consulté par l'architecte sur le mérite de ses constructions, répondit : *Cela pouvait être mieux... mais cela ne pouvait être pire.*

PESTES ET FAMINES. — Les guerres de religion, les guerres civiles, les attaques des ennemis extérieurs, ne furent pas les seuls fléaux qui attaquèrent Dieppe et contribuèrent à sa décadence. La famine, des maladies contagieuses, la peste enfin, vinrent souvent décimer la population et interrompre toutes les opérations commerciales.

On trouve dans une enquête faite en 1507, relative à la construction du marché neuf, que la ville était sujette à la peste, et qu'on la gagnait souvent en fréquentant ce marché.

En 1562, une foule de huguenots, fuyant devant le duc d'Aumale, se réfugièrent à Dieppe, et y importèrent une maladie contagieuse meurtrière, ce qui depuis leur fit attribuer la cause de la peste.

En 1619, trois navires laissèrent dans la ville des germes pestilentiels. La peste se déclara, et dura huit années consécutives. On fut obligé de construire des baraques dans les prairies, pour y recevoir les pestiférés.

En 1668, la peste recommença avec plus de violence; il mourait jusqu'à six cents et mille personnes par mois. Un froid rigoureux la fit cesser en 1670 : il était mort près de huit mille personnes. On avait organisé des brigades d'*éventeurs*, chargés de faire des fumigations dans les maisons des pestiférés; mais les malheureux ne se bornaient pas à assainir les maisons, ils enlevaient l'argent des morts abandonnés de leurs familles.

Tant que duraient ces fléaux, que l'on appelait la peste, et qui peut-être étaient déjà le choléra, si redouté de nos jours, le commerce était interrompu ; le port et la ville étaient signalés aux navigateurs comme des foyers d'infection, dont on n'osait pas même s'approcher.

LES POLLETAIS. — Il faut bien dire un mot d'un faubourg de Dieppe, qui a sa physionomie toute particulière. Le Pollet est séparé de la ville par le port ; en 1391, il s'appelait *Hamel de Dieppe* ; il semble former plutôt une colonie qu'une annexe de la cité, aussi dit-on que cette population est d'origine vénitienne : les mœurs, le langage, le costume, surtout celui des jours de fêtes, diffèrent de ceux de Dieppe. Lorsque des rois, des empereurs, des princes, viennent visiter Dieppe, les Polletais et les Polletaises ont leurs réceptions spéciales. C'est dans ces jours solennels que l'on peut remarquer la singularité, la bigarrure et la richesse des costumes que la tradition a conservés intacts depuis des siècles. A la mer, les Polletais ne se distinguent des Dieppois que par leur force, leur adresse et leur mâle structure. C'est le type du marin-côtier, de ces intrépides pêcheurs, qui bravent les tempêtes, pour subvenir aux besoins de la famille ; mais, au retour, cette famille vient entourer le pêcheur, et s'empare des travaux les plus pénibles. L'on se réunit ensuite autour du foyer, pour préparer les agrès d'une course nouvelle, et prier en commun pour le salut de ceux qui vont affronter encore tous les périls d'une navigation qui doit alimenter la famille.

CHAPITRE II.

DIEPPOIS CÉLÈBRES.

L'histoire d'une ville maritime ne peut omettre d'indiquer au moins les noms des hommes célèbres qui ont contribué à ses progrès, à sa prospérité, ou qui ont fait refléter sur leur ville natale quelques rayons de leur gloire.

En 1402, *Jean de Béthancourt*, seigneur de Grainville-la-Teinturière, chambellan de Charles VI et cousin de l'amiral de France, avait déjà fait un voyage aux îles Canaries et s'en était emparé; il fut forcé d'y retourner pour consolider et agrandir sa conquête.

Dieppe a la prétention d'avoir été le berceau de l'hydrographie, et d'être la patrie des savants professeurs qui ont découvert et enseigné l'art de se diriger en pleine mer.

Nous avons déjà cité *Descaliers*, né à Dieppe, en 1440. La chronique prétend que sa science en astronomie était si extraordinaire pour l'époque, qu'elle était taxée de magie ou de folie.

Prescot et Cousin furent ses premiers élèves : l'un

2,

était ecclésiastique, comme Descaliers ; le second
devint un habile marin. Nous avons déjà parlé de
ses découvertes en Afrique, en Asie et en Amérique. Retiré à Dieppe avec une fortune honnête, il
y donna des leçons de navigation.

Jean Guérard succéda à Cousin, comme professeur d'hydrographie. Il présenta à l'amiral Coligny
un Mémoire sur cette science, qui lui valut le titre
de professeur.

Jean Caudron, ecclésiastique et mathématicien,
devint professeur d'hydrographie. Après vingt ans
d'exercice, il s'embarqua pour reconnaître les côtes
de France et d'Espagne, et rectifia les cartes défec-
tueuses dont se plaignaient les marins.

Guillaume Denys, élève de Caudron, remplaça
dignement son maître; il publia, en 1669, des
tables des déclinaisons du soleil et des étoiles. Le
ministre Colbert, reconnaissant l'utilité des écoles
d'hydrographie pour la marine française, obtint du
roi des récompenses et des encouragements pour
Denys, et le chargea de lui désigner des professeurs
pour les principaux ports du royaume.

Les Dieppois mirent souvent en pratique les leçons de leurs maîtres, et devinrent des marins aussi
habiles que courageux. Nous en citerons quelques-
uns, qui se sont placés en relief parmi leur compatriotes.

Le capitaine au long cours, *Jean Parmentier*,
était à la fois mathématicien, homme de lettres et
excellent marin ; il publia, en 1528, une traduction
de Salluste, qu'il dédia à Ango, son Mécène. Il
mourut à quarante ans, dans une des îles Moluques,
au moment où il allait faire le tour du monde, avant
que les autres nations de l'Europe en eussent prévu
la possibilité. M. Estancelin a retrouvé le manuscrit
contenant le Journal d'un voyage de Parmentier à
l'île Taprobane, aujourd'hui Sumatra, et l'on ne
doute plus maintenant qu'il n'ait plusieurs fois conduit son navire jusqu'aux Grandes-Indes et à la
Chine, dans les premières années du seizième siècle.

En 1560, le capitaine *Ribault* fit voile pour la
Floride ; il y aborda près d'un cap, qu'il appela le
Cap Français. Il éleva une colonne ornée des armes
de France, et construisit une redoute.

L'amiral Coligny obtint de Charles IX d'organiser une deuxième expédition, dont il confia le commandement à Ribault. Une tempête dispersa la
flottille des Dieppois. Les Espagnols profitèrent de
cette circonstance pour attaquer et battre séparé-
ment chaque navire ; ils s'emparèrent de la redoute,
égorgèrent les Français, et les pendirent avec cette
inscription : *Non comme Français, mais comme hé-
rétiques.* Ribault, comme chef de l'entreprise, fut
écorché vif.

Un gentilhomme gascon, Dominique de Gour-
gues, apprenant l'assassinat de Ribault, équipe des

navires à ses frais et cingle vers la Floride; il attaque le fort Caroline, passe la garnison au fil de l'épée, et pend les vaincus à des arbres, sur lesquels il écrit : *Non comme Espagnols, mais comme assassins.*

Le Canada devint une colonie française, sous le gouvernement de Champlain, qui avait succédé à Aymar de Chattes.

Vers 1625, un Dieppois, bon et brave marin, *Vandrosques Diel d'Enambuc*, bravant les Espagnols, fonda des colonies non moins célèbres, celles de l'île Saint-Christophe et de la Martinique, nos premiers établissements des îles sous le vent. D'Enambuc mourut vers la fin de 1636. Le cardinal de Richelieu, en recevant la nouvelle de sa mort, s'écria : « Le roi a perdu un de ses plus fidèles et de ses plus utiles serviteurs. »

Crasset, jésuite, né à Dieppe en 1618, et mort en 1692. Il publia, en 1670, des *Méditations* pour tous les jours de l'année, et une *Histoire de l'Église du Japon*, qui renferme des détails curieux.

Pecquet, médecin célèbre, mort en 1674. Il a découvert la veine lactée, qui porte le chyle au cœur. Cette découverte fut une nouvelle preuve de la circulation du sang. Il avança la fin de ses jours, en faisant abus de l'eau-de-vie, qu'il conseillait comme un remède universel.

Thomas Gouye, jésuite, né à Dieppe en 1650. Ses connaissances en astronomie le firent recevoir, en 1699, membre de l'Académie des sciences. Il publia un recueil d'*Observations physiques et mathématiques* relatives à l'astronomie et à la géographie.

Gouye de Longuemare, de la même famille que le précédent, est né à Dieppe en 1715. Il a publié plusieurs Mémoires, et des *Dissertations* intéressantes sur l'Histoire de France.

Bruzen de la Martinière, neveu du célèbre Dieppois Richard Simon, naquit à Dieppe en 1662; il mourut à La Haye, à quatre-vingt-trois ans. C'était un laborieux compilateur; il a publié un grand nombre d'ouvrages relatifs à l'histoire et à la géographie; le plus important est le grand *Dictionnaire géographique, historique et critique*, en dix volumes *in-folio*.

DUQUESNE. — C'est avec raison que les Dieppois se glorifient d'avoir Duquesne pour compatriote, et qu'ils lui ont élevé une statue sur la place principale de leur ville. Ce grand homme de mer était fils d'un des meilleurs capitaines. Il naquit à Dieppe en 1610 : dès l'âge de douze ans, il naviguait sous les ordres de son père, qui ne tarda pas à reconnaître en lui toutes les qualités d'un marin.

Duquesne était protestant : pensant que sa religion serait un obstacle à son avancement, il passa au service de la reine de Suède. En 1644, la jeune reine Christine le fit capitaine-major de ses armées navales, puis vice-amiral; il rendit de grands services à la Suède, il se distingua surtout dans le combat où les Suédois détruisirent la flotte danoise.

Duquesne revint en France avec deux vaisseaux de quarante canons, que la reine Christine le chargeait d'offrir au roi de France. Il arriva à Dieppe lorsque Louis XIV s'y trouvait. Le jeune roi lui accorda un brevet de chef d'escadre; il reçut peu de temps après le titre de lieutenant-général des armées navales.

Les Espagnols, vaincus par Duquesne en plusieurs rencontres, implorèrent le secours des Hollandais. Le fameux Ruyter sortit des ports de la Hollande, à la tête de trente vaisseaux; il ne put empêcher Duquesne de faire entrer dans Messine un convoi qu'il escortait avec vingt vaisseaux seulement.

Duquesne sortit de Messine en avril 1676, et joignit bientôt la flotte de Ruyter, qui croisait devant Agousta. Ces deux grands hommes, qui s'estimaient à leur juste valeur, employèrent tout leur talent, toute leur bravoure, pour obtenir la victoire. On combattit de part et d'autre avec le plus grand courage. Les vaisseaux montés par les deux héros se joignirent et luttèrent longtemps avec une égale bravoure, avec une égale habileté. Un boulet, parti du vaisseau de Duquesne, frappa l'amiral Ruyter. Privée de son chef, la flotte ennemie perdit l'espérance de vaincre; elle se retira devant Duquesne, en perdant un grand nombre de ses vaisseaux.

Louis XIV dit, en apprenant cette victoire : Si la Hollande a perdu son Ruyter, la France en a trouvé un dans Duquesne. Le roi proposa au vainqueur le titre de vice-amiral, s'il voulait se faire catholique ; Duquesne refusa. Il mourut le 2 février 1688, avec le titre de général des armées navales de France ; il fut inhumé dans sa terre de Bouchet, près d'Étampes, que le roi lui avait donnée, en l'érigeant en marquisat.

Pour suivre l'ordre des dates, nous devons citer le savant *Richard Simon*, né à Dieppe en 1638. Au moyen d'un travail long et assidu, le père Simon parvint à être l'un des plus érudits de son siècle dans l'histoire ancienne. Il fut dénoncé, par des ordres religieux, comme travaillant à un ouvrage qui devait diminuer leur considération. Comme on devait faire une perquisition chez lui, il enferma ses manuscrits dans un tonneau, et les brûla dans un des fossés de la ville. Cette privation du fruit de tant de travaux le fit mourir de chagrin : il fut inhumé dans le chœur de l'église Saint-Jacques.

Vauquelain, né à Dieppe en 1727, fut aussi une illustration maritime. Comme Duquesne, il était fils d'un capitaine au long cours, fort expérimenté. Après qu'il eut servi honorablement sous les ordres de son père, on lui confia, à vingt-neuf ans, le commandement d'une frégate, pour aller reconnaître les mouvements des escadres anglaises. Il incommoda fort les Anglais, qui faisaient le siége de Louisbourg, capitale de l'Ile-Royale. Il passa avec sa frégate à travers la flotte ennemie, et la sauva ainsi des mains des Anglais, qui finirent par s'emparer de Louisbourg en 1745.

Envoyé à Quebec pour prévenir notre colonie que la guerre était de nouveau déclarée, il fut rencontré par des forces supérieures, en sortant du fleuve Saint-Laurent. Il se battit en désespéré, et mit le feu à sa frégate plutôt que de la rendre. Les Anglais le sauvèrent malgré lui, et le traitèrent avec tous les égards que sa bravoure leur avait inspirés.

Après avoir rempli dignement une mission à Pondichéry, il fut mis aux arrêts sur de faux rapports faits par des envieux de sa gloire. Rendu à la liberté, il se disposait à aller à Versailles pour rendre compte de sa conduite, lorsqu'il fut assassiné!

M. de Clieu, né dans sa terre de Derchigny, peut être regardé comme un Dieppois. Ses services sur mer lui méritèrent d'être grand-croix de l'ordre militaire de Saint-Louis. Étant gouverneur de la Martinique, il conçut le projet d'enrichir cette île, en y créant une plantation de café. Il pria le ministre de la marine de demander aux Hollandais quelques plants de café pour le Jardin du Roi. On en prit le plus grand soin, et, lorsqu'ils furent en état d'être transportés, M. de Clieu se rendit en France pour se charger lui-même de ses précieux élèves. Des vents contraires lui firent prévoir une longue traversée. Il demanda qu'on lui délivrât la portion d'eau qui pouvait être destinée tant à lui qu'à ses gens; il la ménagea en ne buvant que du vin, et l'augmenta en donnant à quelques matelots du vin pour de l'eau. Ce fut en se privant de sa ration d'eau, qu'il parvint à conserver ses plants de café, qui réussirent très-bien à la Martinique, et bientôt dans les îles voisines.

Ango. — Ango est un des hommes qui ont le plus contribué à la gloire et à la prospérité des Dieppois. Après avoir fait une fortune considérable dans les voyages qu'il entreprit en Afrique, comme capitaine de navire, il se fit armateur, et augmenta ses richesses en étendant ses relations commerciales sur toutes les parties du monde connu, sans avoir égard aux traités qui fixaient les limites assignées au commerce de chaque nation; aussi ses navires étaient-ils souvent traités comme des corsaires, par les nations qui tenaient à faire respecter leurs droits. Un de ses navires, séparé de sa flotte, refusa d'amener son pavillon devant trois navires portugais; il fut attaqué, et pris après une vigoureuse résistance. Ango ne tarda pas à venger la mort de son capitaine; il équipa une flotte de dix-sept bâtiments, sur lesquels il embarqua des volontaires, gens de résolution. Cette flotte se rendit à l'embouchure du Tage, et captura les bâtiments partant pour les Indes, ou qui en revenaient avec de riches cargaisons : ses équipages firent plusieurs descentes, et ravagèrent les côtes aux environs de Lisbonne. Le roi de Portugal, alarmé pour sa capitale, envoya un agent extraordinaire à François Ier, pour se plaindre de la violation de la paix. François Ier répondit que ce n'était pas avec la France, mais avec Ango, que le Portugal était en guerre, et adressa le député du roi à l'armateur de Dieppe. Celui-ci, satisfait de cette réparation, mit en mer un fin voilier, qui portait l'ordre de ramener sa flotte.

En même temps qu'Ango augmentait ses richesses et sa puissance maritime, l'orgueil et l'ambition lui faisaient désirer de surpasser en tout ses concitoyens. Il fit construire, sur le quai principal du port, une maison, ou plutôt un palais, où il déploya tout le luxe que les arts et l'industrie pouvaient produire. Après avoir acquis le beau domaine de Varengeville, il remplaça l'ancien château féodal par une *villa* dans le style de la renaissance, où la sculpture et la peinture figuraient avec profusion les emblèmes de la puissance et de la richesse du maître; enfin, c'est dans ces deux habitations remarquables qu'il fut l'hôte d'un roi puissant. François Ier, se rendant en Normandie pour y passer en revue de nouvelles légions, accepta l'hospitalité du plus riche négociant de l'Europe. Ango fit seul tous les frais de la réception du roi, et déploya, dans cette circonstance, un luxe et une ma-

MANOIR D'ANGO.

Typ. Hennuyer.

gnificence qui étonnèrent les courtisans. François Ier
le nomma gouverneur de la ville et du château de
Dieppe, et lui accorda le titre de vicomte.

La mort de François Ier fut le signal de la décadence de la prospérité d'Ango. Après s'être aliéné
l'affection et l'estime de ses concitoyens par son
arrogance et l'abus de son autorité, il fut en butte
à leur animadversion; ses prodigalités et la perte
de quelques procès dissipèrent sa fortune, et ses
biens furent vendus pour acquitter ses dettes. Il
mourut, en 1551, dans son château de Varengeville, dans l'isolement et la tristesse. Ce château
est déchu comme son maître : c'est aujourd'hui la
demeure d'un modeste fermier ; mais les étrangers
et les artistes vont visiter, avec un grand intérêt,
ce que l'on nomme encore le manoir d'Ango.

BOUZARD. — Ces grandeurs déchues, dont l'histoire nous offre tant d'exemples et dont Ango et
Jacques Cœur sont des types remarquables, laissent
souvent moins de traces et de bons souvenirs dans
un pays, que des hommes modestes dont les titres
à la célébrité et à la reconnaissance sont seulement
des actes désintéressés de courage et de dévouement. Sous ce rapport, le nom de Bouzard sera
longtemps cité au voyageur qui viendra, sur le musoir de la jetée de l'ouest, contempler le spectacle
d'une mer déferlant avec fureur et menaçant d'engloutir les embarcations qu'il voit ballotter entre
les jetées : on lui dira que les Bouzard furent, pen-

dant cent ans, préposés, de père en fils, à la garde et
à l'entretien du phare; que souvent, amarrés au ca-
bestan, ils indiquaient la bonne passe aux navires,
et que, lorsqu'un échouage mettait en péril la vie
des marins, ils se précipitaient à leur secours, au
milieu des vagues. Déjà Louis XVI avait voulu reconnaître ces services, en présentant à sa cour un
Bouzard, qui seul était étonné d'avoir mérité cet
honneur, et que sa modeste et bonne contenance
avait fait surnommer le *brave homme.* Plus tard,
Napoléon, premier consul, fit construire, sur la
jetée de l'ouest, une maison sur laquelle était cette
inscription :

NAPOLÉON Iᵉʳ,

RÉCOMPENSE NATIONALE ,

A J.-A. BOUZARD ,

POUR SES SERVICES MARITIMES.

Cette maison, maintenant rentrée dans le domaine
ordinaire de la propriété, va bientôt disparaître
pour faire place à une claire-voie destinée à produire
le calme dans le port. Il est heureux qu'elle soit
remplacée par un ouvrage qui doit diminuer les périls des marins, que l'intrépidité de l'ancien propriétaire savait aussi conjurer.

NAPOLÉON LE GRAND
RÉCOMPENSE NATIONALE.

A LA BOUZARD POUR SES SERVICES MARITIMES.

MAISON BOUZARD.

Typ. Hennuyer.

CHAPITRE III.

MONUMENTS ET ÉTABLISSEMENTS PUBLICS.

Je dois appeler un moment l'attention sur quelques monuments, derniers vestiges d'une grandeur déchue, et sur quelques établissements publics qui ont contribué ou qui contribuent encore à la prospérité d'une ville qui fait tous ses efforts pour se régénérer.

ÉGLISE SAINT-JACQUES. — Cette église fut fondée, en 1260, sur l'emplacement d'une ancienne chapelle dédiée à sainte Catherine, et que l'on présume avoir été en partie détruite lorsque la ville fut prise et incendiée, en 1195, par Philippe-Auguste.

En 1282, l'archevêque de Rouen, profitant de la mort du curé de l'ancienne église de Saint-Remy, partagea la ville en deux paroisses; mais la nouvelle église dédiée à saint Jacques, patron des pêcheurs, n'était pas encore disposée à recevoir son clergé, lorsque les travaux furent suspendus, en 1330, par la courte invasion des Anglais et des Flamands, qui firent de grands dégâts dans la ville. Pour suppléer au manque de fonds, quelques riches bourgeois bâtirent, à leurs frais, plusieurs chapelles qui devinrent leur propriété; ainsi la chapelle de la Sainte-Trinité, près de la tour, fut bâtie par

Baudouin Eudes, en 1345. La chapelle de Saint-François fut bâtie par Lautrel, et réédifiée en 1450 par son petit-fils; la chapelle de Saint-Michel fut construite par un sieur Guibert; celle des Sept-Douleurs, par le sieur Nicolas de Saint-Maurice, dont descendent les sieurs de Clieu, anciens seigneurs de Derchigny. La chapelle de Saint-Sauveur fut érigée par la veuve de Jean Longueil; Marcel de Longueil, tué à la bataille de Dreux, en 1563, y fut inhumé. Ango avait fait réparer et embellir la chapelle de Saint-Ives; il fut inhumé, en 1551, dans la chapelle servant aujourd'hui de sacristie.

Plus tard, ces chapelles furent attribuées à des corporations : les maîtres brouettiers, les cordonniers, les drapiers, les maîtres chandeliers, les maîtres bouchers, les tonneliers, les arquebusiers et les canonniers, les musiciens, etc, avaient chacun leur chapelle; quelques sculptures semblent encore indiquer la destination de quelques-unes de ces chapelles.

En 1400, la nef et tout l'intérieur de l'église étaient élevés; mais ce ne fut qu'en 1443 que les voûtes furent achevées.

La tour, dont le style et les décorations démontrent qu'elle a dû être élevée au quinzième siècle, est le plus bel ornement extérieur de cette église, comme la chapelle de la Vierge en est le bijou intérieur; il paraît que rien n'était comparable à la voûte et au plafond de cette chapelle, avant le bombardement de 1694.

Lorsqu'on examine en détai l'ornementation de ce monument, on n'est pas moins émerveillé de l'imagination que du talent des artistes qui ont su composer et exécuter cette série de chefs-d'œuvre de sculpture que M. Vitet a su décrire et juger en historien et en archéologue.

L'église Saint-Jacques occupe un des côtés de la plus vaste place de la ville de Dieppe; cette place s'appelait d'abord la Place d'Armes; puis, à la Restauration, elle prit le nom de Place Royale; récemment, on a inscrit à ses angles : Place Nationale.

C'est sur cette place que l'on a élevé, en septembre 1844, une statue en pied de Duquesne, modelée par Dantan l'aîné; il est représenté dans l'attitude du commandement. Le piédestal attend des bas-reliefs ou des inscriptions rappelant les hauts faits d'armes de cet illustre marin dieppois.

La place pourrait s'appeler définitivement *Place Duquesne*.

ÉGLISE SAINT-RÉMY. — Une première église, dédiée à saint Rémy, avait été construite, de 980 à 1030, au pied du coteau sur lequel a été bâti le château; il n'en reste aujourd'hui qu'une vieille tour carrée, formant comme un bastion, à l'angle sud de l'enceinte du château. Cette église tombant en ruines, on sentit la nécessité d'en construire une nouvelle, consacrée au même saint, et plus rapprochée du centre de la ville; c'est l'église actuelle, commencée en 1513. Il n'y avait encore, en 1545, que le chœur et les chapelles latérales qui fussent achevées ; le monument ne fut terminé qu'en 1663. Le bombardement de 1694 y causa de grands dommages : une bombe traversa la tour où étaient les cloches ; elles n'y furent replacées qu'en 1699.

Les portails et les tours sont dans le style romain bâtard ; c'est un mélange confus de tous les ordres, dont l'aspect est peu gracieux.

Dans l'intérieur, les décorations architectoniques sont du style renaissance, tandis qu'à l'extérieur les façades latérales sont gothiques.

Dans la chapelle de la Vierge, on voit deux modestes mausolées ; sur le premier on lit cette inscription :

ICI REPOSENT
RÉNÉ DE SIGOGNE
MORT EN M. D. LXXXII
ET
CHARLES-TIMOLÉON SON FILS
MORT EN M. D. CXI
TOUS DEUX
GOUVERNEURS DE DIEPPE.

Sur le second, on lit cette inscription :

ICI REPOSENT
EMAR DE CHATTES
MORT EN M. D. CXI,
ET
PHILIPPE DE MONTIGNY
MORT EN M. D. CLXXV
TOUS DEUX
GOUVERNEURS DE DIEPPE.

Je dirai bientôt comment le cercueil renfermant les restes du commandeur de Chattes a été récemment déposé dans un caveau, au pied du mausolée de Philippe de Montigny.

On admire, dans cette église, un très-beau buffet d'orgues, remarquable par sa disposition générale et par de riches et belles sculptures.

Un bénitier qui, jusqu'à présent, a mis en défaut la science des archéologues les plus érudits, ne m'a pas paru mériter les honneurs d'un examen aussi sérieux.

ÉGLISE DES MINIMES. — L'église des Minimes est située dans la rue des Tribunaux ; la première pierre en fut posée, en 1595, par le cardinal de Bourbon. Cette église possédait un os du bras de saint Sébastien, qui lui avait été donné par Mme Catherine de Bourbon, abbesse de Soissons, dans le but d'exciter la piété et la confiance des Dieppois envers ce saint, que l'on implorait pour être préservé de la peste.

Pendant la révolution de 1793, ce fut dans cette église que se tint le club ; elle servit ensuite d'écurie pour un détachement de cavalerie, et enfin de remise à un carrossier. M. Féret l'aîné ayant découvert que M. de Chattes avait été inhumé dans cette église, et en même temps la place qu'il devait occuper au pied de l'autel, nous fîmes une fouille, et nous découvrîmes le cercueil, à l'endroit indiqué, à deux mètres de profondeur, avec une inscription

3.

qui en démontrait l'identité ; nous fîmes une incision cruciale sur le devant du cercueil, et nous ne trouvâmes que des ossements nageant dans une liqueur noire, presque inodore. Après nous être empressés de faire souder cette incision, il s'agissait de faire transporter ce cercueil à Saint-Remy, dans un caveau existant dans la chapelle de la Vierge, au pied du tombeau de M. de Montigny. L'embarras était de transporter ce cercueil sans exciter la curiosité ou les observations malveillantes ; en le transportant de jour, nous craignîmes d'être accusés d'avoir violé une sépulture ; et en choisissant la nuit, nous pouvions, étant rencontrés, donner lieu à des soupçons que pouvait faire naître le souvenir du drame de Rodez. Après en avoir conféré avec les autorités, il fut résolu que cette translation aurait lieu avec pompe et solennité. La Compagnie d'artilleurs, formant alors la milice dieppoise, fournit une garde d'honneur et les hommes qui portèrent le cercueil. Je viens de retrouver la minute du discours qui fut prononcé par le capitaine de cette compagnie, au moment où le convoi quittait l'église des Minimes ; il était ainsi conçu :

« Brave commandeur !

« Permets aux ombres, qui jusqu'alors furent tes compagnons, de t'adresser leurs adieux et leurs félicitations ; comme nous, tu fus témoin des scènes dont ce lieu fut souillé ; tu entendis avec nous et ces discours impies que dictait le fanatisme révolutionnaire, et le trépignement des chevaux attachés à ces parvis; tu gémis alors avec nous sur le sort de tes compatriotes, avec lesquels tu avais su, par ta vaillance et ta fidélité, défendre et conserver le roi modèle.

« Mais ne rappelons pas d'affreux souvenirs, et partageons avec toi la joie que tu éprouves de quitter cette sépulture, indigne de toi. C'est à la sollicitude des magistrats, qui ne veulent laisser ignorer aucune des gloires de la ville de Dieppe, et aux savantes recherches de celui qui nous promet d'en tracer l'histoire, que tu dois les honneurs qu'on te rend aujourd'hui.

« En te voyant entouré de braves guerriers, couverts de cicatrices et décorés du signe de l'honneur, tu te croiras encore aux jours heureux où tu conduisais à la gloire les fidèles et valeureux Dieppois.

« En voyant ces magistrats dévoués et ce peuple recueilli se presser autour de ton cercueil, tu verras que Dieppe n'a pas dégénéré.

« Va, brave de Chattes, va réunir tes cendres à celles des gouverneurs de Dieppe; va revoir ce généreux et tolérant Sigogne qui, seul, donna l'exemple d'une désobéissance glorieuse; va revoir ton collègue de Montigny, et oublie qu'il fut un moment du parti de la Fronde.

« Plus heureux que nous, tu reverras la fille d'Henri IV, tu entendras les acclamations des Dieppois, et l'explosion de leur reconnaissance pour l'auguste princesse qui les comble de bienfaits.

« Enfin, tu vas habiter la maison du Seigneur;
les chants pieux et les ferventes prières frapperont
seuls désormais ton oreille; et, tu attendras en paix
l'instant où tu recevras la récompense due à ta
vertu et à ta fidélité. »

Une inscription, placée sur la pierre fermant le
caveau, constate que les restes du commandeur
Aymar de Chattes, gouverneur de Dieppe, l'ami, le
compagnon d'armes d'Henri IV, y ont été déposés
le 17 mai 1827.

ÉGLISE DU POLLET. — A l'extrémité du faubourg, sur
la route de la ville d'Eu, se trouve la modeste chapelle des Grèves. On dit qu'elle fut fondée, dans le
onzième siècle, par un capitaine ou seigneur anglais
échappé d'un naufrage, et qui avait fait vœu de
bâtir sur la plage une chapelle en l'honneur de la
sainte Vierge, sous le titre de Notre-Dame des
Arènes ou des Grèves. Elle n'a rien conservé de
l'architecture de l'époque à laquelle on fait remon-
ter sa fondation.

Cette chapelle étant insuffisante pour la population religieuse du Pollet, elle se rendait à Neuville,
village situé au sommet de la côte, à deux kilomètres de distance; mais il y a quelques années
que l'on a construit une église neuve, en pierre et
briques, d'un style simple et sévère, sous l'invocation de Sainte-Marie-des-Grèves.

ORATOIRE. — L'Oratoire a été construit, vers 1650,

sur un terrain que céda l'archevêque de Rouen, et qui était occupé par une halle où se vendaient les serges fabriquées à Dieppe. Cet édifice, situé sur le côté nord de la grande rue, près de la porte de la Barre, sert aujourd'hui de temple aux protestants.

HÔTEL-DIEU. — L'Hôtel-Dieu primitif occupait le terrain où l'on établit plus tard le couvent des Carmes; il fut ensuite transféré à l'angle des rues Sailly et du Haut-Pas, où se trouve aujourd'hui la manufacture de tabacs. Il était desservi par des frères de la Charité, qui furent remplacés par des sœurs de Saint-Augustin.

En 1562, les calvinistes chassèrent les sœurs de cette maison, mais elles y furent réintégrées, par un ordre du roi, en 1563.

En 1626, l'Hôtel-Dieu fut transféré sur un terrain plus vaste, qui s'étend depuis la rue des Minimes jusqu'à la petite ruelle du Cours. Cet hospice est encore confié aux bons soins des dames Augustines, dont le zèle et le dévouement justifient la considération dont elles sont entourées.

HÔPITAL-GÉNÉRAL. — Les Dieppois sollicitèrent de Louis XIV l'établissement d'un Hôpital-Général. Il leur fut accordé par lettres-patentes du 18 janvier 1668. On acheta un terrain, des magasins et des maisons, à l'extrémité du faubourg du Pollet; mais on ne forma qu'un établissement incommode et qui bientôt tombait en ruines. On fut obligé de chercher un autre emplacement, et l'Hôpital-Général est maintenant rue d'Ecosse, à côté de l'Hôtel-Dieu. Il fut d'abord desservi par les dames de Saint-Thomas-de-Villeneuve, mais, depuis sept ans, les dames Augustines sont chargées des deux établissements, qui sont presque contigus.

Les bâtiments de l'Hôtel-Dieu et de l'Hôpital-Général tombent en ruines. Depuis plus de vingt ans, on discute sur le choix d'un nouvel emplacement. Il serait temps d'avoir des bâtiments plus convenables et plus sûrs, et de livrer au commerce ces terrains, situés sur le bord de l'ancien bassin. On verrait bientôt les ignobles baraques dépendantes des hôpitaux remplacées par des magasins ou des habitations.

LÉPROSERIES. — Un descendant de Guillaume le Conquérant, étant attaqué de la lèpre, fonda une léproserie au hameau de Janval ; il y fit bâtir une chapelle sous l'invocation de sainte Madeleine. Il s'y retira en 1150, et y mourut en 1168. Ce qui prouve que la lèpre n'était pas une maladie mortelle.

Une autre léproserie a été bâtie dans le douzième siècle, sur le coteau, près du chemin de Bonnes-Nouvelles. Elle appartenait aux chevaliers de Saint-Jean-de-Jérusalem, qui ont cédé l'emplacement à l'Hôtel-Dieu, à la condition de recevoir les lépreux.

La léproserie de Saint-Etienne et de Saint-Julien d'Arques, dont la chapelle et les bâtiments faisaient

partie du champ de bataille d'Arques, a été donnée
à l'Hôpital-Général, ainsi que la léproserie de Sainte-
Foy de Longueville, par arrêt du Conseil du 31 dé-
cembre 1694, suivi de lettres patentes enregistrées.
On peut remarquer que ces donations ont été faites
l'année du bombardement, sans doute pour aider
ces établissements de charité à subvenir à tous
leurs besoins.

ÉTABLISSEMENTS RELIGIEUX. — Après avoir été longtemps sous la domination des calvinistes, Dieppe
devint très-catholique ; il s'opéra une réaction en
faveur du catholicisme, et l'on admit successivement dans cette ville des religieux de plusieurs
ordres. Le nombre de ces congrégations peut donner une idée de ce que devait être à ces époques
l'importance de la ville.

Les minimes furent les premiers admis. Ils s'installèrent, en 1574, dans la rue de la Barre, et ensuite dans la rue qui a conservé leur nom. Le cardinal de Bourbon leur céda le droit qu'il avait, en
qualité de seigneur de Dieppe, de fournir, moyennant une rétribution, les claies sur lesquelles on
étalait le poisson. Ce droit fut racheté par la ville,
moyennant 800 livres par an.

Les capucins demandèrent, pendant vingt ans,
l'autorisation de s'établir à Dieppe, sans pouvoir
l'obtenir. Un ministre protestant, nommé Raccon-
nis, se convertit et se fit capucin. Il édifia tellement
les Dieppois par sa piété et sa charité, qu'il obtint

l'admission de son ordre en 1595. Ils s'établirent au Pollet, et en 1630 ils avaient pu, au moyen des libéralités et des aumônes des Dieppois et des seigneurs voisins, se construire un vaste et beau couvent avec une église sous l'invocation du Sauveur.

Une demoiselle Caradas établit des carmélites en 1614. Leur couvent était dans la grande rue; elles avaient fait bâtir une église remarquable par son dôme et par ses peintures. Ces deux constructions furent brûlées en 1694. Les carmélites ne purent rentrer dans leur maison qu'en 1697, et leur chœur n'a été rebâti qu'en 1734 et 1735.

Ce ne fut qu'en 1619 que les jésuites purent obtenir de leur Société la permission de s'établir à Dieppe. Ils y demeurèrent jusqu'en 1762, époque de leur dissolution.

Une demoiselle Marie Desmarest acheta, en 1616, le jeu de paume, dit Broutille, situé au coin de la rue d'Ecosse et de la ruelle du Cours, pour y établir une communauté séculière, chargée de l'instruction des jeunes filles. En 1625, deux ursulines de la ville d'Eu vinrent organiser la communauté séculière en couvent de leur ordre; elles continuèrent de faire les écoles pour les jeunes filles. Elles avaient une église sous l'invocation de la sainte Vierge.

En 1640, la demoiselle Puchot donna 16,000 livres pour fonder un monastère des dames de la Visitation de Sainte-Marie. Leurs lettres patentes sont du mois d'avril 1649. Leur église était sous l'invocation de la sainte Trinité et de Notre-Dame de la Visitation. Ces dames suivaient les règles douces prescrites par saint François de Sales et sainte Chantal, fondateurs de cet ordre.

En 1649, quatre pieuses demoiselles s'associèrent pour montrer aux jeunes filles à faire de la dentelle et les instruire dans la religion catholique. Elles suivaient seulement les offices de la paroisse. M. de Harlay, archevêque de Rouen, crut bien faire en imposant à cet établissement, qui était très-florissant, l'observance de l'ordre de saint Benoît, en leur adjoignant deux sœurs bénédictines. De ce moment, la prière remplaça trop le travail : l'objet de la fondation fut perdu de vue. En 1735, il n'y avait plus que la prieure et une religieuse ; le couvent fut supprimé.

Jusqu'en 1655 les carmes *déchaus*, ainsi appelés parce qu'ils étaient nu-jambes et nu-pieds, avaient fait de vains efforts pour s'établir à Dieppe ; les capucins et les minimes s'y opposaient fortement. Deux carmes, entrant un jour dans Dieppe, rencontrèrent une procession ; ils crurent que c'était la sainte Vierge qui leur présentait le peuple ; ils s'installèrent dans Dieppe ; les mariniers, dont ils surent gagner l'affection, les aidèrent de leurs aumônes. En 1674, ils avaient une maison et une église. Le bombardement de 1694 ne les épargna pas, mais ils rebâtirent leur maison et leur église, en la décorant de manière à attirer l'attention des artistes : on y remarquait surtout la sculpture des retables, des chapelles et des confessionnaux.

Des sœurs d'Ernemont vinrent s'établir à Dieppe
en 1712; elles se chargèrent, suivant leur institu-
tion, de faire des écoles publiques gratuites pour les
jeunes filles de parents pauvres.

En 1682, M. de Colbert, archevêque de Rouen,
établit un séminaire à Dieppe. Les bâtiments furent
incendiés en 1694. Ce séminaire fut alors réuni à
celui de Rouen.

En 1729, l'archevêque de Rouen, ayant reconnu
qu'un nombre considérable de gens du peuple ne
savaient ni lire ni écrire, installa dans Dieppe des
frères des écoles chrétiennes, chargés d'ouvrir des
écoles publiques. On reconnaissait déjà que l'instruction améliore les mœurs. On sait tout le bien
que fait en France cet ordre, aussi sage que modeste,
et combien il a rendu le peuple meilleur et plus
heureux, sans trop créer d'ambitions dange-
reuses.

De compte fait, il existait à Dieppe, avant le désastre de 1694, neuf ordres religieux ayant presque
tous des habitations considérables et une église
spéciale. Quelle devait être l'importance de cette
ville, qui pouvait subvenir aux dépenses de ces
communautés, dont les membres ne s'occupaient
que du spirituel, sans prendre soin du temporel et
du matériel. L'activité et l'intelligence commerciales des Dieppois créaient des richesses suffisantes
pour pourvoir à tout. On dit qu'à cette époque la
population de Dieppe s'élevait jusqu'à soixante
mille âmes.

HOTEL-DE-VILLE. — Le bâtiment de l'Hôtel-de-Ville, que l'on vient de restaurer et de disposer plus convenablement, était autrefois occupé par les jésuites. Napoléon Ier et Marie-Louise y logèrent en 1811. Lorsque Madame, duchesse de Berry, séjournait à Dieppe pendant plusieurs mois, l'Hôtel-de-Ville était le palais de réception. S. A. R. occupait une belle maison voisine, appartenant à M. Quenouille (Olivier) ; une galerie établissait une communication avec l'Hôtel-de-Ville.

L'empereur Louis-Napoléon et S. M. l'impératrice viennent d'occuper l'Hôtel-de-Ville pendant plus d'un mois. Les Dieppois, appréciant combien cette auguste visite était honorable et avantageuse pour la ville, ont offert à l'Empereur, en toute propriété, l'Hôtel-de-Ville et la plage qui s'étend depuis le port jusqu'aux bains de mer. L'Empereur n'a pas cru devoir accepter ce présent; mais S. M. s'est occupée, avec un intérêt tout particulier, des moyens d'améliorer le port et d'embellir la ville. Un jardin pittoresque a été tracé et commencé, sur cette vaste pelouse, sous les yeux et sous l'inspiration de S. M. l'impératrice; on a fait disparaître les tours et les légers remparts qui masquaient la vue de la mer, si belle et souvent si terrible.

DOUANES. — Les douanes ont occupé longtemps un vaste bâtiment, bâti sur l'emplacement d'un ancien hôpital, dont la création remonterait au douzième siècle. Elles sont installées aujourd'hui ndances. La ville fit reconstruire à ses frais de uveaux bâtiments, sur le même emplacement ; iis le collége ne put retrouver sa première pros- rité ; le nombre des élèves, qui atteignait mille douze cents, alla toujours en décroissant ; enfin, révolution de 1793 força de le supprimer.

Depuis une trentaine d'années, le collége s'est constitué ; il est aujourd'hui confié à d'habiles ofesseurs français et anglais ; il offre des garan- s certaines aux élèves des deux nations. Chacun ndra justice à l'administration municipale, en yant avec quels soins elle a su rendre cet établis- ment des plus utiles et des plus commodes. Le mbre des élèves est en ce moment de cent qua- nte.

De la salle, dite *des Étrangers,* on jouit d'un coup œil des plus pittoresques, surtout au moment de haute mer.

C'est derrière le collége, dans la rue Descalier, m qui rappelle un des fondateurs des écoles d'hy- ographie, que se trouve la vaste école des frères à la Doctrine chrétienne.

BIBLIOTHÈQUE. — Il y a quelques années, la bi- liothèque occupait une partie des bâtiments du llége ; mais, heureusement, l'extension obligée u collége a forcé de déplacer la bibliothèque ; elle st maintenant installée au-dessus des bureaux et es salles de l'Hôtel-de-Ville. Elle se compose d'en- iron huit mille volumes ; elle contient, outre les

dans l'ancien hôtel du Nord, sur le quai ouest (
nouveau bassin.

On a construit un vaste entrepôt au fond (
port, près de la gare du chemin de fer. Ce bâ
ment est d'un style simple et convenable; il fer;
un meilleur effet si son entrée principale était da:
l'axe du quai ouest du nouveau bassin, mais (
alignement *obligé* a forcé de le disposer autremen

COLLÉGE. — Dès le treizième siècle, il y avait da:
Dieppe dès écoles publiques, où l'on enseignait
langue latine; elles étaient dirigées par dès eccl
siastiques. La ville proposa aux minimes de dirig
le collége, ils refusèrent; les jésuites s'offriren
mais ils ne furent pas agréés. L'archevêque (
Rouen, M. de Joyeuse, demanda au cardinal (
Bérulle de vouloir bien envoyer à Dieppe quelqu(
oratoriens, dont il avait formé la congrégatio
en 1613; il refusa d'abord, et finit par y consenti
M. de Joyeuse acheta la maison d'Ango, pour
installer le collége; il fut ouvert, le 10 jan
vier 1616, par les oratoriens. On sait les im
menses services qu'ont rendus les oratoriens en s
vouant à l'instruction publique; c'est à M. d
Joyeuse que l'on doit d'avoir vaincu la résistanc
de M. de Bérulle, qui persistait à n'en vouloir fair
que des prédicateurs et des théologiens.

Le collége de Dieppe prospérait; il était mêm(
devenu célèbre, lorsque le bombardement de 169/
détruisit la belle maison d'Ango et toutes ses dé

pendances. La ville fit reconstruire à ses frais de nouveaux bâtiments, sur le même emplacement ; mais le collège ne put retrouver sa première prospérité ; le nombre des élèves, qui atteignait mille ou douze cents, alla toujours en décroissant ; enfin, la révolution de 1793 força de le supprimer.

Depuis une trentaine d'années, le collège s'est reconstitué ; il est aujourd'hui confié à d'habiles professeurs français et anglais ; il offre des garanties certaines aux élèves des deux nations. Chacun rendra justice à l'administration municipale, en voyant avec quels soins elle a su rendre cet établissement des plus utiles et des plus commodes. Le nombre des élèves est en ce moment de cent quarante.

De la salle, dite *des Étrangers,* on jouit d'un coup d'œil des plus pittoresques, surtout au moment de la haute mer.

C'est derrière le collège, dans la rue Descalier, nom qui rappelle un des fondateurs des écoles d'hydrographie, que se trouve la vaste école des frères de la Doctrine chrétienne.

BIBLIOTHÈQUE. — Il y a quelques années, la bibliothèque occupait une partie des bâtiments du collège ; mais, heureusement, l'extension obligée du collège a forcé de déplacer la bibliothèque ; elle est maintenant installée au-dessus des bureaux et des salles de l'Hôtel-de-Ville. Elle se compose d'environ huit mille volumes ; elle contient, outre les

ouvrages de belles-lettres, de voyages et d'hydrographie, quelques manuscrits curieux, échappés
aux désastres des guerres civiles, des incendies et
des révolutions. On y conserve un exemplaire des
Mémoires de Sully, imprimés sous les yeux de ce
grand homme d'Etat.

M. Feret aîné, conservateur de la bibliothèque,
n'est pas seulement un homme de lettres distingué,
il est encore savant archéologue ; il a réuni sous
des verrières les plus curieux résultats de ses fouilles et de ses recherches. C'est dans cet intéressant
musée que l'on peut trouver les traces de tous les
peuples qui ont successivement occupé le sol des
environs de Dieppe. M. l'abbé Cochet, inspecteur
des monuments historiques de la Seine-Inférieure,
a enrichi ce musée des résultats de ses laborieuses
et savantes explorations.

LE CHATEAU. — Ce château, qui domine la ville
et qui peut se défendre du côté de la campagne, a
été bâti au commencement du quinzième siècle ;
il remplace une ancienne forteresse qui a été détruite en 1195 : elle était couverte, vers le S.-O.,
par une citadelle bastionnée, dont on voit encore
les traces. MM. les officiers du génie ont tellement
modifié et réparé toutes les parties du château, dans
l'intérêt de la défense, que ce monument a perdu
son caractère primitif ; c'est en vain, sauf quelques
détails, que l'on y chercherait le cachet des constructions du moyen âge.

CHATEAU DE DIEPPE.

Typ. Hennuyer.

On monte au château par une rampe assez rapide; la vue dont on jouit, à mesure que l'on s'élève, est des plus belles; parvenu sur la terrasse, on aperçoit à la fois la mer, la ville et une partie de la vallée : ce qui forme un tableau ravissant.

Cette nouvelle forteresse a reçu Henri IV et Mazarin. La duchesse de Longueville s'y réfugia en 1650, aussitôt après l'arrestation de son mari. Elle allait ébranler la fidélité du gouverneur, M. de Montigny, et en faire un frondeur avoué, lorsqu'elle fut forcée de fuir. Elle s'échappa par la porte de secours, quelques-uns disent par une fenêtre. On raconte encore sa chute dans la rivière de Pourville, d'où elle fut tirée par le vénérable curé de ce village, après y avoir, dit-on, perdu dix mille écus, qui devaient protéger sa fuite.

Lors du bombardement de 1694, le château n'avait à opposer à l'artillerie de toute une flotte que trente-huit canons, dont le feu fut bientôt éteint par celui de l'ennemi, mais après, toutefois, lui avoir causé quelques dommages.

MANUFACTURES. — Dieppe n'a pas toujours été une ville exclusivement maritime; elle était aussi manufacturière. Une manufacture de serge, façon de Florence, a subsisté pendant plus de deux cents ans; elle n'a cessé qu'en 1654.

Une tannerie considérable n'a été détruite qu'en 1694; elle était alimentée par les cuirs que les bâtiments de Dieppe apportaient d'Amérique.

Il y avait aussi trois manufactures de pipes, auxquelles l'exportation donnait beaucoup d'extension. Un sieur Bretet excellait dans cette fabrication.

J'ai déjà dit comment l'importation des dents d'éléphant avait donné lieu à une industrie, celle des ouvrages en ivoire, qui est devenue une branche de commerce considérable, et qui a été une des gloires de Dieppe.

Il existait à Dieppe et dans ses environs des manufactures d'horlogerie qui rivalisaient avec celles de Genève; mais cet art déchut en même temps que la ville. Saint-Nicolas-d'Aliermont avait conservé quelques ateliers, où l'on fabriquait encore des mouvements informes. Un homme habile et intelligent, Honoré Pons, vint, en 1806, revivifier ce pays, en y perfectionnant ses productions. Il établit un nouvel ordre dans les travaux, il améliora, il inventa, et bientôt Saint-Nicolas-d'Aliermont, qui ne pouvait plus soutenir la concurrence étrangère, fournit aux horlogers de Paris de trois à quatre cents mouvements de pendules, par semaine. C'était un véritable plaisir pour l'ami des arts et pour l'admirateur des talents modestes d'aller visiter les ateliers de M. Pons, et de voir cet estimable et industrieux mécanicien au milieu des merveilles qu'il avait créées.

Les premiers tabacs venus d'Amérique furent importés par les Dieppois; aussi la première manufacture de tabac a-t-elle été établie à Dieppe, en 1684, par les fermiers généraux, qui avaient le monopole de la vente de cette plante mise en œuvre. Cette manufacture fut brûlée en 1694; la Compagnie acheta à grand prix quelques maisons conservées, pour y continuer la fabrication du tabac. En 1729, les fermiers généraux acquirent, au nom du roi, un vaste emplacement à l'angle de la rue du Haut-Pas et de la rue Sailly, où ils élevèrent un grand bâtiment dans lequel pouvaient travailler quatre à cinq cents ouvriers, en temps de paix. Cette manufacture mettait en œuvre dix millions de livres de tabac, ce qui revient à environ cinq mille tonnes.

Cette manufacture a été supprimée lors de la révolution de 1789; rétablie par la protection de Mme la duchesse de Berry, elle fut de nouveau supprimée, et ses bâtiments furent occupés par la douane et par un entrepôt; elle vient d'être rétablie récemment, à la grande satisfaction des Dieppois.

DENTELLES. — La fabrique de la dentelle formait, à Dieppe, une branche d'industrie fort ancienne et renommée; mais plusieurs causes ont simultanément contribué à la décadence de ce commerce, autrefois si florissant : les dessins anciens que les ouvriers continuaient, le mauvais choix du fil, la perfection des nouveaux tissus en coton. Il fallait régénérer cet art et rétablir la réputation des produits.

En 1827, une école-manufacture de dentelles fut créée, sous les auspices de Madame, duchesse de Berry. Cinquante élèves furent placées sous la direction de trois sœurs de la Providence, venues de la manufacture de Cherbourg. Une association se forma, au capital de 50,000 francs, divisés en mille actions de 50 francs, qui devaient rapporter 4 pour 100 au moins. Non-seulement les actionnaires n'ont jamais touché d'intérêt, mais le capital paraît acquis à l'établissement, qui a prospéré autant qu'on pouvait le désirer, sous l'intelligente et active direction de Mme Fleury, que les élèves appellent à plus d'un titre *ma bonne mère*. Les dentelles fabriquées à Dieppe sont faites sur des dessins composés par un maître habile. Ce sont de véritables valenciennes qui joignent à un point des plus réguliers la solidité des anciennes dentelles; aussi sont-elles très-recherchées par les dames qui apprécient ces ornements qu'elles savent si bien employer.

Cet établissement a été aidé et encouragé par les princes et les princesses qui ont visité Dieppe. Tout récemment encore, S. M. l'Impératrice a daigné y faire de nombreuses acquisitions et a su récompenser et stimuler le zèle des dames directrices et des élèves, par ses paroles bienveillantes. S. A. la princesse Mathilde a bien voulu s'y approvisionner largement.

L'Empereur a visité l'établissement; on a présenté à Sa Majesté les 300 élèves, dont 28 orphelines sont à la charge de la maison. Sa Majesté a compris l'importance et l'utilité de cette manufacture, et elle a promis, si les exigences de la guerre le permettaient, 40,000 francs pour que l'on puisse acquérir deux maisons voisines, nécessaires pour donner de l'extension à cette industrie locale. Sa Majesté a su découvrir, au milieu des modestes dames religieuses, la sœur Hubert, qui, depuis plus de vingt ans, soigne elle-même les marins, les pauvres et les enfants attaqués de cette repoussante maladie que l'on appelle la teigne. Plus de 600 malades doivent leur guérison au remède qu'a su composer cette sœur, et qu'elle emploie chaque jour avec succès. La Société d'émulation de Rouen a décerné plusieurs médailles à la sœur Hubert. Le 30 juillet 1853, l'Empereur lui a remis la médaille d'honneur, destinée à récompenser les belles actions. Peut-être un jour verra-t-on briller sur la poitrine de la sœur Hubert une étoile, comme on l'a vue jadis attachée sur la poitrine de la sœur Marthe, à la tête de plusieurs décorations étrangères.

FONTAINES. — Jusqu'en 1532, les habitants de Dieppe n'avaient que des eaux de citerne ou des eaux de puits saumâtres et malsaines; ce fut seulement alors que l'on conçut l'idée de conduire jusque dans la ville des eaux d'une source abondante et de bonne qualité, qui existait à 8 kilomètres environ, au pied du coteau occidental qui abrite le village de Saint-Aubin-sur-Scie. Le roi autorisa cette entreprise par lettres patentes du 27 février 1532. La ville acheta d'abord le terrain sur lequel jaillissait la source, moyennant 200 livres, et l'on y construisit un vaste réservoir pour recevoir toutes les sources environnantes.

Deux difficultés principales devaient être vaincues : il fallait traverser la rivière de Scie et faire passer les conduites d'eau sous la montagne du petit Appeville, qui sépare la vallée de Dieppe de la vallée de la Scie. La première difficulté fut bientôt vaincue, en détournant momentanément la rivière de Scie, afin de pouvoir construire un aqueduc sous le lit ordinaire; mais la seconde devait donner lieu à des travaux longs et dispendieux : il fallut percer la montagne, et l'on n'avait alors ni les connaissances ni les moyens qui sont aujourd'hui à notre disposition : on fut plus de vingt ans à terminer cet ouvrage, que l'on trouvait comparable aux travaux des Romains. Le tracé fort irrégulier du souterrain, qui a 2,500 mètres de longueur, semble prouver que l'on n'employa même pas la boussole pour se diriger. De nouvelles lettres patentes, du 20 novembre 1535, accordées par François Ier, autorisèrent la perception d'un droit sur le vin et sur le sel, pour subvenir à la dépense des conduites d'eau. Ces droits ont été perçus jusqu'en 1692. C'est encore un moyen que l'on emploie aujourd'hui pour terminer de grands travaux publics.

Les eaux sont reçues dans un second réservoir, au pied du château, pour de là être distribuées sur

les places et dans les établissements publics et
même les maisons particulières.

Tous ces travaux, dirigés par Toutain, fontainier
de Rouen, furent terminés en 1552. La première
fontaine avait été élevée sur la place du Puits-Salé.
Cette dénomination prouve bien l'utilité qu'il y
avait de remplacer ce puits par une fontaine d'eau
pure et salubre.

« Le sieur Toutain, dit un chroniqueur, avait
annoncé qu'il ferait passer l'eau, à jour donné, par
la grande fontaine publique du Puits-Salé. Le clergé
des deux paroisses s'y rendit en procession, accom-
pagné du maire et des échevins, et d'un concours
nombreux d'habitants. A l'heure indiquée, l'eau
jaillit avec force par les différents tuyaux de cette
fontaine. Aussitôt le clergé entonna le *Te Deum* en
actions de grâces, et tous les citoyens remercièrent
Dieu de l'arrivée d'une eau si utile et si désirée. »

LES BAINS A LA LAME. — Autrefois on n'ordonnait
les bains de mer que contre la rage, et c'était à
Dieppe que l'on envoyait de préférence les malheureux qui sont encore aujourd'hui, malgré les progrès de la science, dévoués à une mort presque
certaine. C'est par allusion à cette coutume que
l'on représenta, en 1725, une petite comédie, inti-
tulée : *la Rage d'amour*, et dont la scène se passait
à Dieppe. Aujourd'hui les Dieppois voudraient que
chacun fût atteint de la rage..... des bains de mer.

En 1813, il y avait déjà sur le bord de la mer

une cabane et quelques tentes ; la reine Hortense, qui habitait le château d'Offranville, venait souvent avec ses deux fils, dont l'un est aujourd'hui EMPEREUR DES FRANÇAIS, prendre des bains de mer sur la plage de Dieppe. Deux ans plus tard, cette reine était en exil, et la plage était occupée par quelques Anglais, qui nous importaient le goût et l'usage des bains de mer. La Faculté reconnut bientôt dans ces bains un utile auxiliaire ; un air vif chargé de parties salines, des distractions, ces immersions dans la mer agitée, ont opéré quelques cures remarquables, qui ont valu aux bains de mer une vogue que la mode a bientôt augmentée.

En 1823, une Compagnie anonyme se constitua pour construire à Dieppe un établissement complet et confortable de bains de mer. On mit cet établissement sous le patronage de Madame, duchesse de Berry, en lui donnant le nom de *Bains Caroline* ; la dépense devait s'élever à 500,000 francs. Les habitants de Dieppe se hâtèrent de souscrire, parce qu'ils comprirent tous les avantages d'un établissement qui devait attirer à Dieppe une foule d'étrangers.

La disposition générale des constructions bordant la mer est agréable, et bien composée comme architecture ; on la trouve seulement un peu légère, lorsqu'on la compare à tout ce qui l'entoure. Deux vastes salons sont réunis par une galerie couverte ; dans l'un, on trouve un billard, l'autre est destiné à la lecture des journaux et des brochures ; au centre, est un pavillon plus élevé et plus important que les deux salons latéraux; destiné d'abord à faire descendre de voiture à découvert, c'est maintenant une salle de concert; une terrasse, en avant de ces constructions, sert de promenade lorsque la mer ne déferle pas trop sur les talus en galets, qui s'étendent jusqu'à son pied. Des tentes, que l'on transporte sur le rivage, sont autant de cabinets de toilette; des baigneurs jurés conduisent les dames, ou plutôt les portent pour les plonger dans la mer, la tête la première, et les soutiennent ensuite debout, en les exposant au choc des lames.

Un jardin spacieux précède les pavillons; un restaurant est installé à l'ouest de ce jardin. Des jeux d'adresse ou de gymnastique sont à la disposition des baigneurs.

Les bains chauds sont dans l'intérieur de la ville, sur la place du port d'Ouest, à travers laquelle passait autrefois le chenal du port. L'eau de mer y arrive par des tuyaux qui se prolongent jusque sur la plage. Le chauffage des bains se faisait au bois; de vastes foyers étaient placés sous les chaudières. Lorsque j'étais administrateur des bains, en 1826, je changeai ce mode de chauffage, qui coûtait fort cher, parce que l'on perdait beaucoup de chaleur par la cheminée. J'installai le foyer au milieu même de la chaudière, et la fumée s'échappait par un tuyau qui serpentait dans la chaudière, avant de communiquer avec la cheminée. Le foyer et le tuyau étant en contact immédiat avec l'eau, on profite ainsi de

toute la chaleur du foyer. Ce système est analogue
à celui des tubes qui ont depuis été établis dans les
machines locomotives.

Dans le principe, le pavillon de lecture servait
aussi de salle de bal; mais on reconnut bientôt
l'inconvénient et même le danger d'aborder cette
salle, et surtout d'en sortir, lorsque le vent de mer
soufflait avec violence; on construisit alors une
espèce de hangar dans la cour des bains chauds,
qui servait en même temps de salle de bal et de
salle de spectacle, pendant la saison des bains.

En 1827, Madame, duchesse de Berry, en prenant pour 10,000 francs d'actions dans les bains
Caroline, témoigna le désir que la salle de bal provisoire fût remplacée par une salle définitive plus
convenable; ce fut à cette époque que je fis construire la salle actuelle et toutes ses dépen-
dances.

SALLE DE SPECTACLE. — Lorsque j'arrivai à Dieppe,
en 1825, on cherchait un emplacement pour une
salle de spectacle; déjà l'on avait fait un projet
pour transformer en théâtre l'ancienne manufacture de tabacs. C'était un rectangle long et étroit,
dont la forme était la moins convenable pour une
salle de spectacle. On me fit l'honneur de me con-
sulter; je proposai de construire un modeste théâtre
sur la place du port d'Ouest, à proximité des bains.
Le temps pressait; on voulait que la salle fût construite pour la prochaine saison des bains; le projet

fut rédigé en quelques jours et soumis au Conseil des bâtiments civils, qui l'approuva, vu l'urgence.

Les travaux ont été commencés le 2 février 1826, et la salle a été ouverte au public le 8 août suivant. Toutes les parties de l'édifice ont été entreprises en même temps, et sont venues prendre leur place, à mesure que les maçonneries s'achevaient. Cette exécution d'un seul jet a évité bien des fausses dépenses.

Les décors ont été exécutés par M. Philastre, élève de Cicéri, dont le nom rappelle ces magnifiques et nombreux décors longtemps admirés à l'Opéra. M. Philastre, qui cherchait alors une occasion de se faire connaître du public choisi et éclairé qui venait, et qui vient encore chaque année, aux bains de Dieppe, est devenu, ainsi que je le pressentais, le digne successeur de Cicéri.

Lorsque l'on veut disposer la salle pour un bal, on prolonge le plancher du théâtre jusqu'au fond du parterre, de manière qu'il reste deux mètres de hauteur entre le plancher et le plafond, sous les premières loges. Je faisais alors circonscrire la scène par un salon fermé avec plafond ; la décoration de ce salon était en harmonie avec celle des loges ; on pouvait enlever trois panneaux du salon, pour laisser voir un fond de campagne ; quelques arbustes en fleurs ajoutaient à l'illusion. Cette disposition était d'un bel effet, et je l'eusse préférée à ces chiffons rouges encadrant des croisées à glaces, que j'ai vus l'année dernière, lorsque la ville offrit un bal à LL. MM. l'Empereur et l'Impératrice.

S. A. R. Madame, duchesse de Berry, a bien voulu poser la dernière pierre de ce petit édifice, le 8 août, jour de l'ouverture de la salle. Cette pierre est celle qui forme l'appui de la croisée du milieu du foyer; la pierre inférieure avait été creusée pour recevoir une boîte en plomb, contenant une médaille à l'effigie de S. A. R., frappée en mémoire du premier séjour de Madame à Dieppe, des pièces de monnaie au millésime de 1826, et une plaque de cuivre, sur laquelle est gravée l'inscription suivante : -

CETTE PIERRE A ÉTÉ POSÉE
LE 8 AOUT 1826 ,
PAR S. A. R. MADAME , DUCHESSE DE BERRY,
QUI, POUR LA TROISIÈME FOIS ,
HONORE DE SA PRÉSENCE LA VILLE DE DIEPPE.

Le marteau et la truelle dont S. A. R. a daigné faire usage étaient en ivoire sculpté ; le marteau contenait les petits modèles en ivoire de tous les outils qui avaient servi à la construction de la salle.

La dépense totale s'est élevée à 135,000 francs. Quelques personnes ont bien voulu s'étonner qu'elle ne fût pas plus considérable; on allait même jusqu'à dire qu'une partie de la dépense était supportée par le budget de la ville, sous une autre dénomination. Ce fut un des motifs qui me déterminèrent à publier les plans et les états de dépenses, avec tous les mémoires à l'appui, sous le titre de *Théâtre de*

Dieppe. Cet ouvrage, dont il reste peu d'exemplaires, est devenu la propriété de MM. Carilian-Gœury et Dalmont. Cette publication avait pour but de rendre la tâche plus facile aux architectes de province, chargés de construire un modeste théâtre. J'ai indiqué, dans cet ouvrage, ce qu'il faudrait modifier, ce que l'on devrait éviter, et ce que l'on pourrait imiter.

Si cette petite salle, qui peut au plus contenir 1,000 personnes, a obtenu quelque succès, je le dois aux bons avis du Conseil des bâtiments civils, dont M. de Gisors était le rapporteur, et aux renseignements qui m'ont été fournis avec une extrême obligeance par M. Delestre-Poirson qui, longtemps auteur spirituel et habile directeur du Gymnase, *théâtre de Madame*, a légué à ses successeurs ce vernis de bonne compagnie qui contribue encore aujourd'hui aux succès de ce théâtre.

CHAPITRE IV.

LE PORT.

Le port de Dieppe est situé par **49° 55′ 40″** de latitude, et par **1° 15′ 10″** de longitude ouest ; l'une
et l'autre prises sur le musoir de la jetée de l'ouest.

Ce port a presque toujours été le plus important
pour la pêche du poisson frais, sa proximité de
Paris lui valait cet avantage. Mais aujourd'hui,
avec les chemins de fer, tous les ports sont presque à égale distance de Paris, relativement au temps
du parcours. Dieppe est un des premiers ports qui
ont envoyé des navires à Terre-Neuve pour pêcher
et saler la morue : d'ailleurs, cette pêche ne remonte pas au delà de 1500.

C'est surtout la pêche du hareng qui fait vivre
les pêcheurs de Dieppe et du Pollet. Ils sont très-
habiles pour trouver les routes des harengs qui
voyagent de l'est à l'ouest, par bandes ou par colonnes, quelquefois sur plus de quatre kilomètres
de longueur, et qui se meuvent avec une telle ra-
pidité, qu'ils ne peuvent se dévier lorsqu'ils ren-
contrent les filets. Les Dieppois savent aussi très-
bien *caquer* et *saurer* le hareng. Cette pêche a été
une de leurs principales industries, depuis qu'ils

ont été forcés d'abandonner le commerce des colonies.

En 1750, le produit de la pêche du hareng, soit frais, soit salé, était évalué à 1,120,000 liv.

En 1751, à. 1,030,000

En 1787, le produit de cette pêche s'élevait à. 2,720,000

En 1789, le produit n'était plus que de. 1,330,000

Ce produit est d'ailleurs toujours très-variable. Dans les coups de vent, le hareng s'enfonce; au beau temps, il revient à la surface. Il est ensuite très-capricieux dans ses allures : tantôt, il abandonne les côtes de France pour suivre la côte d'Angleterre; tantôt il affectionne, au contraire, la côte de France; ensuite, il faut avoir le bonheur ou l'habileté de rencontrer les colonnes en marche, que les pêcheurs appellent les bancs de harengs.

Aujourd'hui, le commerce de Dieppe ne se borne pas à la pêche, surtout depuis l'établissement du chemin de fer. Les tableaux suivants font bien connaître la nature et l'importance actuelles du commerce de Dieppe.

MOUVEMENT DE LA NAVIGATION

(Moins le cabotage à l'entrée).

ANNÉES.	ENTRÉES.			SORTIES.		
	NOMBRE de navires.	TONNAGE.	ÉQUIPAGE.	NOMBRE de navires.	TONNAGE.	ÉQUIPAGE.
1847	601	48,509	5.049	611	52,285	5,608
1848	407	39,328	3,299	450	38,992	3,896
1849	837	90,349	6,282	842	87,659	6,903
1850	856	87,265	6,227	890	87,166	9,645
1851	999	95,027	7,419	1,018	95,994	7,544
1852	1,085	112,860	8,185	1,107	116,870	8,500
1853	560	75,595	5,509	972	101,826	7,686

RECETTE DES DOUANES.

ANNÉES.	DOUANES.	SEL.	TOTAL.
1847	293,560	457,306	750,866
1848	264,117	425,521	689,638
1849	700,036	243,932	943,968
1850	681,855	157,374	839,229
1851	702,381	191,002	893,383
1852	725,975	334,998	1,060,973
1853	567,060	389,492	956,552

IMPORTATIONS ET EXPORTATIONS.

DÉSIGNATIONS.	1847.	1848.	1849.	1850.	1851.	1852.	1855.
	kil.	kil.	kil.	kil.	kil.	kil.	kil.
Tourteaux de graines oléagineuses	1,131,045	1,104,420	647,515	352,376	50,000	232,551	561,630
Fers et fonte	47,453	59,516	254,519	255,603	556,018	405,909	192,037
Poissons	14,390	9,899	43,340	29,187	364,693	93,505	191,211
Céréales (grains et farines)	31,212,908	12,375,080	2,969,495	5,943,129	11,025,963	1,593,748	3,476,665
Résines de pin et de sapin	393,785	442,887	477,261	266,180	251,858	549,552	259,437
Bois communs	14,837,540	3,802,780	10,790,630	18,289,100	13,806,360	16,314,563	10,713,204
Graines oléagineuses	334,215	26,645	513,121	82,515	219,952	268,903	134,067
Matériaux	129,058	103,840	200,000	70,900	430,000	938,600	3,191,800
Houille crue	11,461,655	22,777,177	66,552,900	63,521,805	56,098,071	73,001,900	58,044,600
Sel marin	1,698,117	1,715,251	5,605,575	3,718,176	11,368,900	4,794,400	5,858,100
Coke	107,630	1,589,415	355,500	»	»	69,800	»
Autres marchandises	458,371	1,268,867	2,594,783	1,820,063	1,716,682	3,208,302	4,623,969
TOTAL	61,826,167	45,775,777	92,408,742	94,349,034	05,888,527	101,471,633	87,246,720

MARÉES. — L'établissement du port est 11ʰ 8'.

L'unité de hauteur des marées est de 4ᵐ 60 c.

Les marées sont exclusivement semi-diurnes.

Il n'y a pas encore de maréographe à Dieppe, mais il y a un maréomètre, qui consiste dans une simple échelle graduée, dont le zéro correspond au zéro des cartes marines de M. Beautemps-Beaupré, et qui donne les hauteurs d'eau au-dessus de ce plan. Il n'y a pas d'étale sensible à Dieppe; la durée du flot est plus courte que celle du jusant. Un grand nombre d'observations ont prouvé que le fait est constant.

La durée moyenne du flot est de.... 5 h. 38'.
La durée moyenne du jusant est de... 6   42'.
                                     ―――――――――――
              Différence.......... 1 h. 4'.

On n'a conservé à Dieppe le souvenir d'aucune marée extraordinaire, ni de raz de marée.

Autrefois la marée se propageait dans le lit de la rivière d'Arques, et remontait jusqu'à ce village. Elle couvrait ainsi la plus grande partie des prairies de la vallée, dont le niveau, à Arques, est encore à 1ᵐ en contre-bas des pleines mers de vive eau.

Aujourd'hui, le port et la retenue sont entièrement séparés de la vallée par des digues qui protégent les prairies. La rivière débouche dans l'arrière-port par deux écluses munies de clapets, en sorte que l'écoulement de la rivière est intermittent, et que le niveau des eaux s'y abaisse et s'y élève alternativement.

COURANTS. — Le courant de flot, devant le port de Dieppe, porte au S.-E. pendant une heure et demie, à partir du plus bas de l'eau ; il déverse ensuite vers l'est avec une vitesse de 0,80 par seconde, jusqu'à la direction du Nord, qu'il suit un peu avant le plein.

Le courant de flot venant du S.-E. ne pénètre entre les jetées qu'après avoir dépassé de 200 mètres environ le musoir de l'*Est* ; il se recourbe alors brusquement, et entre dans le chenal, en suivant la courbe tracée sur le plan, et en rasant la jetée de l'*Est*. Avant le prolongement de cette jetée, cette pointe du courant de flot était beaucoup plus longue et présentait de grands dangers pour la navigation.

En dedans des jetées, on observe un remous du courant de flot qui, parvenu à l'extrémité de la claire-voie de l'Est, tourne sur lui-même, vient longer en sens inverse la jetée de l'Ouest, par-dessus le poulier, et entre ensuite dans la direction primitive du flot.

Le courant de jusant ne donne lieu à aucun de ces effets. Il porte franchement au N.-O., dès la sortie du chenal et dans le premier moment de mer baissante ; puis il s'infléchit graduellement vers l'Ouest, et parvient au sud-ouest lorsque la mer a atteint le plus bas de l'eau.

La plus grande force des courants est d'environ 1^m 50 c. par seconde.

Les courants que nous venons de décrire n'ont

aucun effet appréciable sur la côte ou sur les ouvrages du port, mais ils ont une influence sur la navigation ; ils obligent à prendre des précautions à l'entrée du chenal, surtout par les vents d'ouest. Au flot, les navires doivent s'efforcer de ranger le musoir de l'ouest et d'échapper, par une manœuvre habile, au courant de flot qui les entraînerait vers l'est, en les jetant à la côte.

VENTS. — M. Nell de Bréauté, membre correspondant de l'Académie des sciences, qui habite La Chapelle, près de Dieppe, a fait, pendant quinze années consécutives, des observations sur les directions du vent. Ces observations se résument par le tableau suivant :

DIRECTION du VENT.	NOMBRE moyen DES JOURS	MAXIMUM.	MINIMUM.
Sud.	37 jours.	En 1828, 54 jours.	En 1820 et 1825, 28 jours.
Sud ouest.	93 —	1823, 121 —	1831, 67 —
Ouest.	48 —	1830, 72 —	1829, 31 —
Nord-ouest.	52 —	1825, 72 —	1832, 38 —
Nord.	36 —	1819, 56 —	1821, 21 —
Nord-est.	41 —	1826, 54 —	1828, 22 —
Est.	23 —	1820, 41 —	1821, 12 —
Sud-est.	31 —	1818, 46 —	1827, 19 —
	361 jours.		

On tire de ce tableau les conséquences suivantes : Dans les 365 jours de l'année, il y a environ

561 jours de vent, et seulement 4 ou 5 jours de calme plat.

Si l'on divise l'horizon en quatre parties égales, on trouve :

135 jours de vent entre le sud et l'ouest.

94 — entre l'ouest et le nord.

71 — entre le nord et l'est.

61 — entre l'est et le sud.

Les vents régnants sont S.-O, O. et N.-O.

Ces vents sont aussi les plus dangereux ; lorsqu'ils sont accompagnés de pluie, ils soufflent par grains violents, changent subitement de direction et rendent, en quelques heures, la mer très-grosse.

Lorsque les vents sont violents, les navires entrants éprouvent la plus grande difficulté pour doubler la jetée de l'Ouest. Ce sont ceux qui causent le plus de sinistres, en jetant à la côte, à l'est du port, les navires qui manquent l'entrée.

Les coups de vent du nord au nord-est sont aussi fort dangereux, et rendent la mer extrêmement grosse pendant le flot ; mais généralement ils ne durent que vingt-quatre ou trente-six heures, et le vent ne varie pas de direction, comme dans les coups de vent d'aval.

Les marins ont remarqué que les coups de vent qui se déclarent pendant le revif des marées ou pendant les syzygies sont plus violents et ont plus de durée que ceux qui ont lieu à d'autres époques de la lune.

Les indices les plus certains de mauvais temps

sont : la houle au large en temps calme, et le ressac à la côte. La houle vient de deux côtés, dans la partie septentrionale de la Manche ; celle qui est occasionnée par de grands vents du sud-est à l'ouest se fait ressentir jusque vers l'entrée de la Canche, et celle qui est soulevée par les vents du nord au nord-est se propage jusque vers le travers de l'Authie ; il suffit d'observer de quel côté vient la houle pour savoir de quel côté viendra le vent.

Les vents du nord-ouest au nord-est, modérés, sont les plus favorables pour entrer à Dieppe. Avec ces vents, on peut parcourir le chenal et l'avant-port à la voile. Lorsque le vent vient de la terre, il faut accoster le musoir de l'ouest. Les bâtiments s'approchent très-près de la jetée pour recevoir l'amarre ou envoient leur canot pour la prendre et se font haler dans le port.

La direction de la vallée de Dieppe modifie celle des vents qui soufflent par-dessus la terre ; ainsi, quand au large le vent est à l'est, on le trouve au sud-est à l'entrée du port ; s'il est à l'ouest-sud-ouest dehors, il est au sud-sud-ouest dans le port et dans le chenal.

La direction et la force du vent exercent de l'influence sur la hauteur de la marée dans le port. S'il vente grand frais de la partie de l'ouest, la mer monte de 0,30, à 0,50 plus haut qu'elle ne le ferait en temps calme ; au contraire, elle reste à peu près de la même quantité au-dessous de son niveau, lorsque les vents d'amont soufflent avec force.

VAGUES. — Les vagues du large se transmettent avec facilité et avec intensité dans l'intérieur du port, et y produisent les effets les plus violents. La direction la plus fréquente des vagues varie du nord-est au sud-ouest et bat en côte dans la direction du nord-ouest. Ces lames envahissent le chenal avec violence; elles pénètrent entre les jetées sur une largeur de 80^m, qui se réduit bientôt à 50^m; se trouvant plus resserrées à mesure qu'elles avancent, elles augmentent de hauteur, au lieu de s'amortir, jusqu'à l'origine de la claire-voie. On a souvent observé, en ce point, entre leur creux et leur sommet, une hauteur de 5 à 6 mètres. Ce n'est pas là cependant qu'elles tourmentent le plus les navires entrants, parce que, marchant dans le même sens, elles leur donnent seulement un violent mouvement de tangage; mais aussitôt que ces fortes intumescences atteignent le commencement de la claire-voie, elles se précipitent d'un côté dans le brise-lames, en même temps qu'elles se soulèvent de l'autre côté sur le poulier ou contre la jetée de l'ouest, et laissent les navires dans un creux où ils perdent l'usage de leur gouvernail. Après avoir frappé violemment le mur intérieur du brise-lames et la jetée de l'ouest, elles reviennent transversalement, se croisent, et font rouler le navire de l'une à l'autre jetée.

Au delà de la claire-voie, les lames reprennent leur cours et leur première régularité, et parviennent dans l'avant-port, où elles causent une grande

5.

agitation ; les navires se choquent les uns contre les autres, ou contre les murs du quai, et il en résulte des avaries réciproques.

Un effet à peu près semblable à celui que nous venons de décrire se produit devant la claire-voie du Pollet. La vague, en rencontrant le mur du fond, cause un ressac violent, qui jette les navires contre l'épi du côté de Dieppe, qu'ils ne peuvent alors doubler qu'avec de grandes difficultés.

Il arrive souvent que la mer est assez forte pour ne pas permettre l'entrée du port de Dieppe ; on a vu les vagues venir frapper le musoir de la jetée de l'ouest, s'élever à plus de dix mètres au-dessus de cette jetée, et retomber en gerbes sur le musoir.

On exécute et l'on doit exécuter plusieurs travaux qui atténueront, s'ils ne font pas cesser, ces effets violents des vagues, et qui rétabliront sans doute le calme dans l'intérieur du port et même à son embouchure.

RADES. — On a donné les noms de petite et de grande rade à deux mouillages où l'on peut rester quelques heures quand la mer est calme, ou lorsque le vent vient de terre ; mais qu'il faut quitter, en s'empressant de gagner le large, aussitôt que le vent menace de souffler avec force.

La petite rade s'étend de la sortie du chenal jusqu'à trois kilomètres au large ; la grande rade commence à ce point, et occupe une zone de deux kilomètres de largeur. L'une et l'autre sont foraines et sans aucun abri.

Ce n'est qu'à six cents mètres au large du musoir de l'ouest que l'on trouve six mètres de hauteur d'eau à basse mer, et il faut se tenir à quinze cents mètres si l'on veut avoir huit mètres à basse mer. Le mouillage est excellent; les ancres trouvent une bonne tenue, sur un fond sablé recouvrant le tuf.

De Cessart avait projeté une rade couverte devant Dieppe : le môle de l'ouest avait trois mille mètres de longueur, et celui de l'est douze cents mètres; les deux musoirs étaient éloignés de plus de mille mètres; un môle isolé de trois cents mètres défendait cette large entrée. Quarante vaisseaux de ligne y auraient trouvé un mouillage de quarante pieds d'eau; la dépense, y compris celle des forts, était évaluée à 6 millions de francs.

Si les sondes de de Cessart sont exactes, la rade s'est exhaussée, depuis cette époque (1780), de trois à quatre mètres.

Ces travaux devraient aujourd'hui s'estimer 40 millions.

Ce n'est pas ici le lieu de discuter ce projet; on peut seulement émettre des doutes sur la sécurité de cette rade, et des craintes sur son ensablement.

JETÉES. — Le chenal du port de Dieppe a été ouvert et entretenu par les courants alternatifs du flot et du jusant. Lorsque la mer se répandait dans une large vallée jusqu'à Arques, et lorsqu'elle se retirait, il se formait une chute au goulet et par suite un courant, qui creusait un chenal assez profond pour recevoir, dit-on, des bâtiments de six à sept cents tonneaux.

Vers le douzième siècle, ce chenal était situé au pied de la falaise sur laquelle s'élève le château. Cette embouchure des rivières d'Arques et de la Béthune formait le premier port de Dieppe, dit le port d'Ouest; mais le chenal était incessamment repoussé vers l'est par le galet, résultat des débris des falaises, qui marche le long de la côte, de l'ouest à l'est. Les habitants ouvrirent un nouveau chenal vers l'est, que l'on appela le port d'Est. Le premier chenal fut abandonné et comblé, et il se forma cette vaste alluvion de galets sur laquelle une partie de la ville est construite.

Le nouveau chenal, qui avait une grande largeur, était souvent obstrué par le galet. Les habitants s'efforçaient de le fixer et de le dégager par quelques ouvrages, que l'on poussait vers le large, à mesure que le galet s'accumulait à l'entrée du chenal.

Vers 1400, des travaux importants furent entrepris, le chenal fut alors fixé au pied de la tour aux Crabes, où il est resté longtemps. Cette tour faisait partie des remparts qui entouraient la ville; elle a été détruite, mais elle a laissé son nom à l'emplacement qu'elle occupait.

En 1459, Charles VII, comprenant l'importance du port de Dieppe, autorisa la prolongation des jetées; les habitants exécutaient les travaux comme ils l'entendaient, mais ils supportaient tous les frais de construction et de réparation : les dépenses étaient considérables, parce que les travaux étant mal disposés et mal exécutés, ils ne résistaient pas à la mer.

En 1613, on construisit un épi considérable, destiné à arrêter le galet et procurer du calme dans le chenal. En 1616, une forte marée détruisit cet épi, et fit écrouler une portion de la falaise de l'est : le port devint inaccessible. Le chenal s'avança encore vers l'est, au pied de la nouvelle falaise : c'est le chenal actuel.

C'est sous le règne de Louis XIV que l'Etat intervint, pour la première fois, dans la direction des travaux et fournit des fonds; mais le roi s'empara d'une partie des droits perçus par la ville. Après le bombardement de 1694, les ingénieurs du roi furent exclusivement chargés de tous les travaux.

En 1667, Duquesne présenta à Louis XIV un Mémoire, dans lequel il faisait ressortir tous les avantages de la vallée de Dieppe, pour y construire un des plus beaux ports de l'Europe. Les habitants refusèrent leur concours, parce qu'ils redoutaient la marine militaire, ils craignaient de lui laisser prendre un pied chez eux : ils voulaient rester pêcheurs !

En 1672, une tempête de vents d'ouest encombra le port de galets. Colbert vint à Dieppe pour reconnaître la cause de ce désastre et chercher le remède. Cent cinquante ans plus tard, M. le comte Molé, directeur général des ponts et chaussées, y était amené par le même motif. Colbert voulait aussi prendre connaissance d'un projet présenté par M. Fumechon, qui consistait à réunir Dieppe à Paris par une navigation fluviale, en faisant un canal de Dieppe à Pontoise. Vauban était partisan de ce projet. Il fut présenté de nouveau, en 1793, par M. Lemoyne, qui a rendu assez de services à Dieppe pour que son nom fût donné à une rue. Il rencontra des opposants, Rouen s'en émut; J.-B. Noël, de l'académie de Rouen, rédigea un long mémoire contre le canal qui mettait Dieppe en communication facile avec Paris. Cependant le projet reçut un commencement d'exécution, il fut interrompu par la Révolution.

Le canal de Dieppe à Paris eût été compris dans les concessions de 1821 et 1822, si la diligence qui portait l'ingénieur, et son projet, n'eût versé en route. L'ingénieur fut grièvement blessé, le projet n'arriva que lorsque déjà les lois de concessions étaient rendues, et l'on ne voulut pas en faire l'objet d'une proposition spéciale.

Revenons à Colbert : il visita le port, en observant ses dispositions et cherchant les moyens de les améliorer ; arrivé sur le quai du Pollet, vis-à-vis du Collége, il s'arrêta, et, rompant le silence qu'il avait gardé jusque-là, il dit aux échevins qui l'accompagnaient : « Il paraît, messieurs, que vous n'avez jamais connu le don que vous a fait la nature. Si vous pratiquiez un passage d'eau dans le terrain où je viens de marcher, et une écluse où je suis, dont l'explosion nettoyerait et creuserait une entrée directe, vous auriez un des plus beaux ports du royaume, et un bassin sûr et tranquille. Je trouve votre situation si avantageuse, que je puis vous assurer, de la part de S. M., le payement de la moitié des fonds nécessaires pour ce travail, si vous voulez y contribuer pour l'autre moitié. »

Cette proposition fut mise en délibération à l'Hôtel-de-Ville, et il fut décidé que la ville n'était pas en état de faire une si grande dépense.

En 1601, le marquis de Seignelay, fils et successeur de Colbert, vint à Dieppe, et fit au corps de ville la même proposition ; mais il éprouva le même refus. Décidément les Dieppois n'étaient pas alors dans le progrès.

En 1725, un ouragan occasionna aux jetées des avaries considérables. On commença à mettre plus de soin dans leur construction ; on y employa la pierre de taille ; mais les travaux étaient souvent abandonnés et repris, suivant que l'on pouvait y affecter des fonds.

En 1750, une tempête enleva une partie de la jetée de l'est, construite en charpente ; on la remplaça, plus tard, par une jetée basse, destinée à diriger les chasses. Ce fut à la même époque que l'on prolongea la jetée de l'ouest.

De 1700 à 1760, il fut dépensé, par les ingénieurs militaires, 2,510,636 livres pour la répa-

ration des jetées, et leur prolongement sur une longueur de cent dix mètres, d'après des projets dressés
par Vauban.

Depuis 1600, les jetées ont été allongées de cinq
cents mètres; la plage s'est avancée successivement
vers la mer, et le galet a toujours fini par contour-
ner le musoir pour entrer dans le port.

Pendant la guerre de Sept-Ans, le port de Dieppe
fut privé des fonds indispensables pour son entretien. En 1761 et 1762, on ne fit aucune réparation;
et lorsqu'à la fin de cette dernière année les ingénieurs des ponts et chaussées, succédant aux ingénieurs militaires, prirent le service du port, il y
avait plusieurs brèches dans les jetées, et elles
semblaient menacer ruine de tous côtés.

Les 29 et 30 mai 1775, une violente tempête
renouvela les inquiétudes des Dieppois, et éveilla
la sollicitude du gouvernement. On regretta de
ne pas avoir accepté les propositions de Colbert;
son projet fut revu et élaboré par les nouveaux ingénieurs. Voici en quoi il consistait :

1° Creuser un nouveau chenal de cent vingt pieds
de largeur, à peu près au milieu de la vallée, sur
l'emplacement occupé aujourd'hui par le Collége;

2° Construire les jetées en claire-voie pour amortir la lame;

3° Combler l'ancien chenal, et donner au port
la forme d'un parallélogramme régulier;

4° Pratiquer au delà du pont du Pollet, dont la

grande arche devait être ouverte, un arrière-port régulier;

5° Ouvrir et mettre en communication avec cet arrière-port un vaste bassin, destiné à mettre les navires constamment à flot;

6° Construire des écluses de chasse, dont l'orifice, placé vis-à-vis du nouveau chenal, lancerait, toutes les douze heures, une masse d'eau suffisante pour en chasser constamment le galet.

M. de Cessart, ingénieur en chef de la généralité de Rouen, reçut, en 1776, l'ordre de M. Trudaine, intendant général des finances, de faire rédiger les projets relatifs à l'amélioration du port de Dieppe. Lamblardie dressa quatre projets : les deux premiers conservaient les anciens ouvrages; les deux autres se rapprochaient beaucoup des idées de Colbert. Le quatrième fut approuvé par le Conseil général des ponts et chaussées; il consistait :

1° Dans l'ouverture d'un nouveau chenal au milieu de la vallée, suivant la direction N. $\frac{1}{4}$ N.-O., dans laquelle les vents ne se fixent presque jamais;

2° Dans l'exécution d'une écluse de chasse, vis-à-vis du chenal proposé et dans la même direction.

Les jetées devaient être partie en maçonnerie et partie en claire-voie; les murs formant les soubassements des claire-voies devaient être fondés à six pieds au-dessous des basses mers de vive eau, et avoir douze pieds de hauteur.

La construction des musoirs et des jetées devait

être garantie par un môle en charpente, rempli en galet, ayant douze mètres de hauteur, et trois cent vingt mètres de pourtour.

Ce projet a été approuvé par le Conseil général des ponts et chaussées, le 15 mars 1777; les travaux de l'écluse de chasse furent adjugés le 15 avril suivant, et commencés le 15 mai.

En 1785, M. de Chaubry rédigea le projet complet de la nouvelle passe, dont la dépense était estimée 5 millions, qui vaudraient aujourd'hui au moins 6 millions.

Le môle de garantie ne fut mis en adjudication que le 15 mars 1787; il fut exécuté. Il a résisté à la violence de la mer jusqu'au 26 août 1793, il avait coûté 600,000 livres; toute la charpente a été vendue 180,000 livres.

La révolution de 1789 a sans doute été une des causes principales de la suspension des travaux et de l'ajournement de l'ouverture de la nouvelle passe; mais les Dieppois, eux-mêmes, ont fait une vive opposition, à laquelle ont dû céder la patience et la conviction des ingénieurs. La collection des Mémoires pour ou contre le projet de la nouvelle passe a été imprimée; elle forme un fort volume in-4°. On voit, dans ces Mémoires, la vivacité de l'attaque et la convenance de la défense. Chaque ingénieur pourrait citer plus d'un exemple de la résistance qu'il a éprouvée pour faire adopter d'utiles projets, des difficultés qu'il a rencontrées pour persuader les populations les plus intéressées à leur exécution, et des objections singulières qu'il a dû combattre. Heureusement qu'au milieu de ce débordement d'objections on rencontre quelquefois des observations judicieuses et d'utiles conseils, dont il faut se hâter de profiter.

En 1791, l'Assemblée nationale ordonna une enquête. La Commission donna la préférence au chenal actuel. En 1792, Perronnet fut consulté ; il proposa la conservation de la passe actuelle, et la démolition de la digue de garantie. On voit encore aujourd'hui, à mer basse, des vestiges de cette vaste construction provisoire, qui serait aujourd'hui considérée comme superflue.

Après bien des projets fournis, après bien des discussions sur ces projets, après même un commencement d'exécution, le chenal est resté tel qu'il était depuis deux cents ans. On l'a seulement modifié, en allongeant successivement les jetées ; le dernier prolongement de la jetée de l'est a été exécuté, en 1838 et 1839, sur les projets de M. l'ingénieur Gayant. Une partie a été construite à claire-voie, pour former brise-lames ; mais, au lieu de produire du calme, ainsi qu'on l'espérait, on a maintenant plus d'agitation dans le chenal et dans l'intérieur du port. Le banc de galet, qui s'appuyait contre la jetée de l'ouest, a disparu ; les lames se prolongent avec plus de facilité dans l'intérieur du port. Les navires, lancés dans les grands creux des lames, y perdent l'usage de leur gouvernail, et sont ballottés, d'une jetée à l'autre, par un roulis plus considérable que celui du large. Un tel état de choses réclamait une amélioration. On a pensé qu'il convenait d'abord de compléter le projet tel qu'il devait être exécuté, c'est-à-dire de remplacer le plan horizontal, qui sépare la claire-voie du mur du fond, par un plan incliné sur lequel la lame s'épanouirait, au lieu d'aller frapper le mur de fond, et d'y produire le ressac dont on se plaint. Ce plan incliné doit se prolonger dans le sud et remplacer un mur vertical auquel on attribue une cause du ressac.

Si ce complément d'ouvrage ne paraît pas suffisant, on pourra ouvrir un brise-lames dans la jetée de l'ouest, tel qu'il a déjà été projeté et approuvé. La lame, en pénétrant entre les jetées, s'abaissera en s'épanouissant et se brisant dans les deux claires-voies, et l'on doit espérer qu'elle ne se propagera plus dans l'intérieur du port avec la même violence.

On avait espéré diminuer l'agitation dans le port, en construisant, en remplacement de l'épi du petit Veules, qui avait été démoli, un épi en charpente, se raccordant avec la fin de la jetée par une claire-voie. On n'a pas encore obtenu de cet épi tout le résultat qu'on en espérait, parce qu'il n'est pas achevé tel qu'il a été projeté; sa saillie est un danger pour les navires d'une grande longueur, parce que, le chenal tournant trop brusquement, ils ne peuvent que difficilement doubler cet épi. Le remède à cet inconvénient sera facile; il suffira de déblayer le chenal, de manière à faciliter l'évolution des navires.

La jetée de l'ouest était primitivement construite en charpente, formant coffrage rempli de moellons et galets; plus tard, elle fut revêtue en maçonnerie des deux côtés. Mais le musoir resta longtemps en charpente; il avait été reconstruit par M. de Tarbé; le système de cette charpente était cité comme un modèle; enfin, en 1844, cette charpente, qui avait duré plus de trente ans, a dû être remplacée par un musoir en maçonnerie, qui a coûté 188,162 fr. 85 c.

Aujourd'hui, les marins étrangers et dieppois demandent que l'on prolonge cette jetée par une charpente à claire-voie sur cent mètres de longueur. Le projet de ce prolongement a été soumis à une enquête nautique. On demande que les jetées soient prolongées, celle de l'ouest de 70 mètres, et celle de l'est de 30 mètres.

MURS DE QUAIS, ESTACADES. — Au douzième siècle, il n'y avait encore ni jetées, ni quais; ce n'est n'est qu'en 1400 que l'on commença à revêtir de murs de quais les bords de la rivière et du chenal.

Avant 1735, le quai de Dieppe était très-étroit, et séparé de la ville par un rempart flanqué de tours. On communiquait avec la ville par quatre portes. On commença à démolir le rempart, ainsi que la principale tour, dite *Tour aux Crabes*. Les murs de ces fortifications étaient si bien bâtis, qu'on n'a pu les démolir qu'à l'aide de la mine, et qu'il a fallu y employer un grand nombre d'ouvriers. Cette démolition a facilité l'accès du port dans toute sa longueur, du côté de la ville, en a changé l'aspect, et procuré les terrains sur lesquels sont établis la Bourse et la Poissonnerie.

Aujourd'hui, les quais de l'avant-port ont un développement total de huit cents mètres. Du côté de Dieppe, ils sont revêtus de murs en maçonnerie; du côté du Pollet, ils sont soutenus par d'anciens murs, et par des estacades plus anciennes encore.

Dans l'arrière-port, que l'on vient de transformer en un second bassin à flot, on voit, du côté de Dieppe, de beaux murs de quais récemment construits, et, du côté du Pollet, des estacades de construction nouvelle, à l'exception d'une ancienne partie, qui n'a pas encore été remplacée.

RÉGIME DES CÔTES. — Les côtes de la Normandie offrent un phénomène remarquable, et qui a depuis long-temps fixé l'attention des ingénieurs, c'est la formation et la marche du galet.

Depuis la baie de Seine jusqu'à la baie de Somme, les côtes de la Manche sont bordées de falaises, dont la hauteur moyenne est de soixante mètres. Ces falaises sont composées de couches alternatives de pierre calcaire et de silex. La mer, venant battre avec violence contre le pied de ces falaises, mine les bancs tendres de craie. Bientôt la partie supérieure est en surplomb; elle se détache, tombe et se brise. La mer achève de diviser ces masses; elle entraîne la craie, qu'elle a délayée, et le silex reste isolé.

Aux efforts de la mer se joignent d'autres causes de destruction. Des fentes presque verticales reçoivent les eaux pluviales, qui filtrent à travers les terrains supérieurs; l'eau qu'elles retiennent se gèle, et la dilatation qu'elle éprouve pousse au vide des parties de falaises, et les précipitent dans la mer. Le dégel occasionne la chute des masses que la dilatation de l'eau n'avait fait que diviser. Ainsi, la destruction des falaises est un effet de la nature, que l'art serait impuissant à combattre.

Lamblardie a publié, en 1789, un Mémoire très-intéressant sur les côtes de Normandie. Ce savant ingénieur a évalué, par des observations et des calculs, que la côte était détruite moyennement de 0,33 de largeur sur toute sa longueur, et qu'elle devait fournir, entre le Havre et Saint-Valery-sur-Somme, un cube de galets qu'il évalue à 6,300 toises (46,600 mètres cubes).

Le silex étant roulé le long de la côte par le choc réitéré des vagues, ses parties anguleuses se brisent; il acquiert une forme sphéroïdale, et devient ce qu'on nomme *galet*. Tout ce que le silex perd de sa grosseur, pour passer de sa forme primitive à celle de galet, est converti en sable par le frottement.

Le mouvement du galet le long de la côte dépend, tant pour la vitesse que pour la direction, des vents régnants et de la configuration de la côte. Les courants sont sans action sur le galet. Les vents du N.-O., qui sont les plus fréquents et les plus violents dans la Manche, divisent en deux parties égales l'angle saillant formé par le cap d'Antifer ; le galet se dirige, d'une part, vers le Havre, et de l'autre vers la Somme.

Lamblardie a calculé les quantités de galet qui passent, chaque année, devant chacun des ports, et qui obstruent le chenal ou forment des bancs à l'embouchure du port ; il a trouvé les résultats suivants :

Au Havre......	1,000 toises cubes.	7,400 mèt. cubes.
A Fécamp......	750	5,600
A Dieppe......	5,000	22,200
Au Tréport.....	4,125	30,500
Au Stourdel....	5,300	39,200

On ne doit considérer ces calculs que comme des moyennes entre un grand nombre d'années, car les invasions du galet sont plus ou moins considérables, suivant la durée des vents régnants et la violence des tempêtes.

Lorsque la mer pénétrait dans toute la vallée, jusqu'à Arques, le galet était expulsé de l'embouchure du port par les courants alternatifs du flot et du jusant. Cependant, dès le douzième siècle, les pirates et les pêcheurs, qui avaient adopté ce port naturel, sentirent la nécessité d'avoir recours à des moyens artificiels pour expulser le galet. Ils imaginèrent de construire une digue, ou barre, qui retenait les eaux à mer haute, pour les lâcher ensuite et leur faire repousser tous les obstacles qui s'opposaient au libre passage de leurs barques. On prétend que le faubourg de la Barre a pris son nom de l'endroit qu'occupait cet ouvrage.

Plus tard, on eut recours aux allongements successifs de la jetée de l'ouest, mais on ne tarda pas à s'apercevoir que ce n'était qu'un remède temporaire, parce que le nouveau musoir était bientôt dépassé par le galet. Desmarquet, qui écrivait en 1785, signale l'inefficacité de ce moyen : il dit que, pour interdire l'entrée du galet dans le port, il faudrait prolonger la jetée dans la mer tous les quarante ans, ce qui deviendrait, par la suite, d'une exécution impossible. Aussi, malgré des allongements successifs, il a fallu avoir recours à des moyens plus sûrs et plus durables, et les chasses, indiquées par les fondateurs de Dieppe, ont été établies. Elles sont un bienfait pour les ports à alluvions.

Dans ces derniers temps, MM. les ingénieurs ont pensé avoir trouvé un moyen plus certain et plus économique de se préserver de l'invasion du galet. Ils ont proposé de recueillir le galet dans un réservoir pratiqué à l'ouest de la jetée de l'ouest. Ce réservoir pouvait contenir au moins 24,000 mètres cubes de galets ; ainsi accumulé, il devait être enlevé par un entrepreneur, pour subvenir aux be-

6

soins du lestage, évalué à 9,000 mètres cubes par année, et l'excédant devait être transporté par voitures sur la plage de l'est. Ce procédé a réussi au Havre, où le lestage enlève tout le galet qui vient s'accumuler contre la jetée du nord. Il a tellement séduit les Dieppois, qu'une Commission nautique, composée de 16 membres, a déclaré, à l'unanimité, que les écluses de chasse étaient désormais *inutiles*. On doit féliciter les ingénieurs de ne pas avoir partagé cet avis imprudent; ils ont déclaré que, lors même que l'on renoncerait à faire servir désormais l'écluse de chasse à son usage actuel, on ne pourrait songer à la supprimer ou à la laisser tomber en ruine. Elle devrait être conservée comme écluse de garde, et comme moyen de prévenir, dans l'avant-port et le chenal, les courants qui seraient une grande gêne pour les navires. On doit, en outre, prévoir le cas où l'on serait un jour obligé de suspendre l'allocation annuelle nécessaire pour enlever le galet, et que MM. les ingénieurs évaluent à 20,000 francs; on n'aurait alors d'autre ressource que les chasses pour empêcher l'obstruction complète du chenal.

CHASSES. — Lamblardie s'exprime ainsi, dans son *Mémoire sur les côtes de Normandie* :

« Les écluses de chasse sont le meilleur moyen qu'on ait employé pour se garantir des inconvénients du galet; c'est un agent dont on dispose à volonté, et dont on peut toujours proportionner la force à l'effet qu'on veut produire; ici, la force agissante et la force répulsive ont le même principe : l'eau de la mer, agitée par les vents, forme le galet, le roule et le conduit dans nos ports; et l'eau de la mer, retenue à marée haute, et rendue, à marée basse, à la force de la gravité, qui s'empresse, pour ainsi dire de l'animer, forme un torrent impétueux, dont l'effet peut surpasser de beaucoup celui des vagues. Aussi l'effet des chasses est-il immanquable pour nettoyer le chenal d'un port, l'approfondir et enlever toutes les alluvions que la mer peut, chaque jour, y apporter. »

Les écluses de chasse construites anciennement, et celles qu'on a récemment exécutées, sont une preuve de fait que l'on ne peut révoquer en doute. Celles de Dunkerque faisaient leur effet jusqu'à 1,000 toises; elles ont creusé le port et le chenal de quinze pieds de profondeur en dix ans.

L'entrée du port de Fécamp est toujours facile et profonde, au moyen du jeu des écluses. On a vu quelquefois le chenal entièrement bouché : c'était dans les temps où la réparation des radiers ou des portes ne permettait pas de chasser; mais, ce travail fini, c'était l'affaire d'une vive eau pour remettre les choses dans le premier état. On peut dire la même chose des écluses de Saint-Valery-en-Caux. En six mois de temps, les écluses du Tréport ont creusé le chenal de plus de 8 pieds de profondeur, et enlevé une masse de galet de plus de 15 pieds de hauteur. La raison et l'expérience concourent donc à prouver l'avantage insigne des écluses de chasse.

Cette notice n'ayant aucun caractère officiel, je puis ici dire toute ma pensée ; je puis, sous ma seule responsabilité, émettre une opinion toute personnelle, qui est le résultat d'une conviction intime. Je pense que l'on s'abuse, en affirmant que l'enlèvement et le transport du galet, d'une rive à l'autre, serait un moyen certain de préserver le chenal et l'embouchure d'un port des bancs de galet. D'ailleurs ce moyen nouveau, tout ingénieux qu'il est, sera-t-il toujours suffisant ? Je ne le pense pas. En supposant qu'on ait les moyens d'enlever, chaque année, les 20 ou 24,000 mètres cubes de galet qui viendront s'amonceler dans le réservoir qu'on lui aura préparé, il y aura encore plusieurs circonstances où l'écluse de chasse rendra de grands services ; par exemple, lorsqu'une tempête de vents d'ouest amènera subitement un poulier devant le port ; lorsqu'une série de vents d'est ramènera le galet de l'*est* à l'*ouest* ; l'écluse servira encore pour enlever les dépôts de sable ou de vase, qui exhaussent l'avant-port.

Je comprendrais encore l'enlèvement du galet, si, comme au Havre, il disparaissait pour toujours de la plage ; mais si on le transporte à Dieppe, de l'ouest à l'est, il faudra faire la même opération au Tréport comme on aura dû la faire à Fécamp et à Saint-Valery-en-Caux ; il faudra donc effectuer ce transport autant de fois qu'il y a de ports entre

le point de départ et le point d'arrivée du galet.
Cette idée ingénieuse ne me paraît encore que
spécieuse, je désire qu'elle soit utilisée ; mais,
quant à présent, je persiste à penser, comme Lamblardie, qu'une écluse de chasse est un instrument
indispensable pour conserver une passe libre à
l'embouchure des ports. Je m'en suis servi pendant
vingt ans dans les ports de la Seine-Inférieure, et
je n'ai jamais regretté de ne pas avoir un autre
moyen à ma disposition.

La retenue de Dieppe est située au sud-est du port,
sa superficie est de 36 hectares ; elle peut contenir
au moins 1,000,000 de mètres cubes d'eau. Ce
volume s'écoule en une heure et demie à deux
heures, par l'écluse de chasse.

L'écluse de chasse a été projetée par de Cessart,
et exécutée par Lamblardie en 1778 et 1779. Elle
a été fondée sur le galet dans un seul caisson, qui
pouvait contenir à la fois les culées, le radier et
les piles. Le galet avait été recouvert, préalablement
à l'échouage du caisson, d'une couche de glaise et
d'un matelas de mousse. Ces précautions n'ont pas
été suffisantes. Des filtrations se sont fait jour à
travers le galet ; des tassements en furent la conséquence. Le radier se déforma, et l'écluse était me-
nacée d'une ruine prochaine, lorsqu'en 1802, l'empereur Napoléon Ier ordonna qu'elle fût réparée.
Cette opération délicate fut confiée à l'ingénieur
Bérigny. Les piles ont été démolies, et le radier a
été foré pour y introduire des pieux, qui ont été

battus sous les piles et sous les crapaudines des portes. D'autres trous ont été percés sur toute la surface du radier, pour faire des injections de mortier de ciment sous le radier, afin de remplir tous les vides que les filtrations avaient pu faire. 55 mètres cubes de mortier ont été injectés et ont arrêté les filtrations. Cette méthode des injections, imaginée et perfectionnée par Bérigny, a été et est souvent appliquée avec avantage.

Les piles de l'écluse de chasse sont en très-mauvais état ; elles ne permettent plus de faire des chasses, sans que l'on redoute leur chute et l'entraînement des portes. On a essayé, en 1847, de consolider ces piles en les cerclant en fer, en les étançonnant et en coulant du mortier hydraulique dans les joints et les fissures, mais le désordre causé par d'anciens scellements en soufre a continué, et les piles ne peuvent plus être réparées ; elles vont être reconstruites.

Les chasses produisent, pendant la première heure de l'écoulement, un débit moyen de 130 mètres cubes par seconde. Cette masse d'eau perd, en se répandant dans tout l'avant-port, une grande partie de sa vitesse, et ne parvient à l'extrémité du chenal qu'au moyen de celle qu'elle acquiert par l'élévation même des eaux dans l'avant-port. Si la chasse était directe, elle serait sans doute plus efficace, mais lorsqu'on se plaint de leur mauvaise direction, on oublie que l'écluse a été construite dans l'axe de la nouvelle passe projetée, et qu'elle

fut le seul ouvrage exécuté du projet général. Il
faut encore remarquer que cette direction n'est
pas aussi vicieuse qu'on pourrait le penser ; car, en
définitive, le courant violent qui sort des écluses
se retourne brusquement à droite, sans avoir jamais attaqué le mur de quai qui se trouve dans
l'axe de l'écluse, et le volume d'eau considérable
qui s'échappe par les trois portes s'écoule en très-
peu de temps par le chenal, entraîne aussi bien
le galet que le sable et la vase, et ouvre souvent
une passe à travers les pouliers, au delà des musoirs des jetées.

L'expérience a prouvé que la chasse n'a d'effet
utile que tant que la vitesse reste supérieure à deux
mètres par seconde. La durée de cette période est
d'environ une heure. A ce moment, la retenue a
baissé de 1^m,10, et la masse d'eau écoulée est de
quatre cent mille mètres cubes. Toute la masse
qui s'écoule ensuite est presque perdue, pour l'effet
utile ; au contraire, aussitôt que la masse d'eau
dépasse les musoirs, la vitesse diminue graduellement, en raison de l'épanouissement de la chasse,
les alluvions entraînées se déposent à l'entrée du
chenal, et forment des brisants dangereux. Si l'on
peut chasser plusieurs jours de suite, on parvient
à ouvrir une bonne passe, mais souvent les vents
et l'état de la mer reforment une barre de galet.
C'est surtout pour obvier à cet inconvénient que
l'on propose un réservoir à galets.

La dépense pour la construction de l'écluse avait

été estimée, par de Cessart, à 677,520 fr., et par Lamblardie à 712,000 fr. On ne connaît pas le chiffre exact de la dépense, mais on peut le porter à 1 million.

BASSINS A FLOT. — Le port de Dieppe possède deux bassins à flot; le premier, commencé en 1807 et terminé seulement en 1828, n'a encore que $2^h,50$ de superficie; mais il doit être augmenté. Le second, que l'on termine en ce moment (1854), a une superficie de $3^h,60$. Ce nouveau bassin a été pris sur l'arrière-port.

La hauteur de la retenue, dans l'ancien bassin, est celle de la marée de chaque jour; elle varie de $7^m,20$ à $5^m,40$ au-dessus du radier; mais comme le fond du bassin est de $2^m,40$ au-dessus du radier, les navires ne trouvent en vive eau que $4^m,80$ de hauteur d'eau et $3^m,00$ en morte eau. Un curage prochain fera disparaître cet inconvénient.

Dans le nouveau bassin, la hauteur d'eau ne peut jamais excéder $4^m,80$ au-dessus du radier de l'écluse d'entrée, parce qu'il est nécessaire de laisser chaque jour la mer s'abaisser à ce niveau pour permettre l'écoulement de la rivière d'Arques, qui débouche par une écluse dans l'arrière-port; mais cette rivière doit être un jour détournée, et l'on pourra retenir les eaux à toute la hauteur de la marée.

Le développement des quais de l'ancien bassin est de quatre cent cinquante mètres, dont deux cent vingt mètres du côté du nord et deux cent trente mètres du côté sud. Le côté ouest, en vue d'un prolongement probable du bassin, n'est fermé provisoirement que par une levée en terre. Les murs sont fondés sur pilotis, recouverts d'un grillage et d'une plate-forme.

Le développement des murs de quais du nouveau bassin sera de neuf cents mètres; à l'ouest, les revêtements sont en estacades.

L'écluse d'entrée de l'ancien bassin ne sera plus, après la construction du nouveau bassin, qu'une écluse de communication. Sa largeur est de quatorze mètres entre les bajoyers, qui sont réunis par un pont tournant; il n'y a que des portes d'Èbe, mais l'écluse est disposée pour recevoir des portes de flot.

Le radier est plan; il est construit en pierre de taille, la base est établie à huit mètres en contrebas des pleines mers d'équinoxe. Cette écluse a été construite par Bérigny. Une longue discussion s'est élevée au sujet des fondations; l'administration voulait que la fondation fût établie seulement sur un massif de béton; Bérigny insista vivement pour obtenir des pilotis et une plate-forme, et ce mode de fondations, qui devrait toujours être employé pour des ouvrages formant retenues d'eau, fut adopté.

L'écluse du nouveau bassin a une largeur de $16^m,30$, son radier est courbe, le busc est à 0,33 en contre-bas de celui de l'écluse de l'ancien bassin.

Elle est aussi fondée sur pilotis, mais les pieux ne sont réunis, par des chapeaux ou des moises, que dans le sens transversal. On a pensé que des longrines pourraient faciliter les filtrations de l'amont à l'aval. Ce système de pilotis est engagé dans un massif de béton sur lequel reposent le radier en pierre de taille et les bajoyers. Tout le massif de fondations est d'ailleurs circonscrit par une file de pieux jointifs.

Les portes des écluses des deux bassins sont en bois. Celles de l'ancien bassin sont planes et munies de ventelles ordinaires. Celles du nouveau bassin devaient être plus solides étant plus exposées à l'action des vagues, et l'on devait y pratiquer des ventelles devant débiter au moins vingt-cinq mètres cubes par seconde, pour venir en aide aux chasses. Ces portes sont courbes et formées d'entretoises composées.

Les deux systèmes de portes n'ont ni bracons, ni roulettes ; elles sont triangulées par des écharpes en fer.

Le barrage éclusé construit en travers de l'arrière-port, et fermant le nouveau bassin, a été établi dans le but d'augmenter la surface des bassins à flot, et surtout de rapprocher l'écluse de l'entrée du port, afin de permettre aux navires d'entrer dans les bassins de la même marée ; mais on regrettera d'avoir exagéré ce rapprochement. Il eût fallu peut-être placer le barrage dans la partie la plus étroite de l'arrière-port, vis-à-vis la grande rue du

Pollet, là où se trouvait le pont du Pollet, commencé en 1511, et démoli pour obtenir le second bassin. Vauban avait indiqué cette position pour faire le barrage.

La dépense de construction de l'écluse de l'ancien bassin a été de 2 millions.

Les murs de quai, construits de 1826 à 1836, ont coûté, au nord, 1,800 fr. le mètre courant, et, au sud, 2,200 fr.

Le barrage éclusé aura coûté 1,950,000 fr.; les portes figurent dans ce chiffre pour 30,000 fr.

PONTS MOBILES. — Les ponts mobiles, établis sur les deux écluses, sont des ponts tournants; leurs dispositions sont identiques.

Ces ponts sont à double volée, tournant sur un pivot central pour se rabattre dans l'encuvement, après qu'un système de contrefiches, sur lesquelles s'appuie la volée, a été replié sous la volée.

La dépense d'établissement de l'ancien pont a été de 26,000 fr.; le nouveau, exécuté en 1847, a coûté 30,000 fr.

On a remarqué une imperfection dans ces deux ponts. Pour réduire à son maximum la distance entre les pivots des deux volées, on n'a éloigné le pivot de l'arête du bajoyer que de la demi-largeur de la volée, plus 0,20 cent., en sorte que, lorsque les volées sont ouvertes, elles ne sont en retraite que de 0,20 sur le plan du bajoyer. Les navires, en passant par les écluses, accrochent les garde-corps et font des avaries. Il conviendrait de réserver un trottoir de 0,60 à 0,80 entre la volée et l'arête du bajoyer.

DÉFENSE DES CÔTES. — L'art se reconnaît souvent impuissant pour défendre les côtes contre la mer; il abandonne à leur destruction incessante les falaises crayeuses qui forment le littoral de la Normandie. Cependant on remarque cinq épis échelonnés sur la plage de galet à l'ouest du port. Ils ont été construits, en 1838, dans le but de régulariser, par des obstacles successifs, la marche du galet et d'empêcher ses irruptions soudaines qui venaient encombrer le chenal.

L'expérience ne permet pas d'assurer que ces ouvrages ont produit tout l'effet désiré; il est cependant constant que, depuis quinze ans, la plage s'est régularisée et que les irruptions du galet ont été moins fréquentes.

MATÉRIAUX EMPLOYÉS. — L'arrondissement de Dieppe est fort pauvre en matériaux de toute espèce. On n'y trouve ni chaux hydraulique, ni moellons, ni pierre de taille; le pays ne peut fournir que la brique et le pavé.

La chaux hydraulique vient d'Assigny (Calvados); elle coûte 33 fr. le mètre cube en poudre.

On emploie, pour la maçonnerie de remplissage, les gros silex de la plage. Les moellons plats, pour perrés et revêtements, proviennent des carrières de Rouville; ils coûtent 14 fr. le mètre cube.

On emploie comme pierre de taille le granit de Réville et de Flamanville, au prix de 75 fr. le mètre cube, et la pierre calcaire de Ranville, qui coûte 50 fr. Les dallages et recouvrements se font en pierre ou marbre de Stincalk (près Boulogne), qui revient à 70 fr. le mètre cube. Cette pierre a le défaut de se polir très-vite et de devenir très-glissante.

La brique se fait dans les environs de Dieppe; elle est de bonne qualité et coûte 32 fr. le mille.

Les bois de chêne et de sapin viennent presque exclusivement du Nord; le sapin rouge est le plus employé; il coûtait, il y a quelques années, 50 fr. le mètre cube; il coûte aujourd'hui plus de 60 fr.

La ville de Dieppe est dépourvue de tout atelier métallurgique. Lorsque les pièces dépassent les poids ou les dimensions de celles livrées par les forgerons ordinaires, on a recours aux ateliers du Havre ou de Rouen.

PROJETS.

Dieppe a souvent été visitée par des hôtes illustres, dont le passage ou le séjour ont laissé des traces honorables et profitables. Des projets d'agrandissement ou d'amélioration ont été la conséquence de ces visites, et souvent ces projets ont été exécutés.

En 1442, Charles VII, reconnaissant du concours que lui avaient prêté les Dieppois contre les An-

glais, leur envoya le Dauphin, depuis Louis XI,
avec des renforts, pour les aider à chasser Talbot
de la *bastille* qu'il avait élevée en vue de Dieppe.

En 1534, François Ier, recevant la fastueuse hospitalité d'Ango, oublia un moment qu'il créait le
Havre, cette rivale que devait redouter l'ancienne
cité dieppoise, pour s'occuper de l'amélioration d'un
port dont les marins lui avaient rendu de signalés
services.

En 1550, Henri II vint à Dieppe, il logea à l'hôtel d'Ango, et, au milieu des fêtes nautiques qu'il
admirait, il pensa aux intérêts de la ville.

En 1563, Charles IX et la reine-mère vinrent à
Dieppe; mais, en donnant satisfaction à une mino-
rité catholique, ils mécontentèrent une majorité
protestante.

En 1589, Henri IV résida deux mois à Dieppe ou
dans ses environs. En l'aidant à gagner la bataille
d'Arques, les Dieppois lui ouvrirent la première
porte de son royaume ; des priviléges pour la ville,
des titres de noblesse pour les bourgeois, récom-
pensèrent ce dévouement.

Au mois de novembre 1617, Louis XIII vint passer quelques jours à Dieppe. On l'amusa avec des
parties de chasse et des promenades sur mer. On le
conduisit aussi à la *cité de Limes* ; il était accom-
pagné des ducs d'Orléans, de Mayenne et de Ne-
mours; de MM. de Rohan, de Vitry, de Luynes et
de quelques autres gentilhommes. Ces messieurs
décidèrent d'un commun accord que c'était un

camp, et ils démontrèrent que Jules César avait dû
y faire reposer ses légions. C'est sans doute par
respect pour l'autorité et les lumières de ces nobles
voyageurs que, depuis cette époque, la *cité de Li-*
mes a aussi été désignée par le nom de *Camp de*
César. Les paysans l'appelaient déjà le *Catel*, mot
qui vient de castrum, castellum, qui indique un
camp ou un lieu fortifié. Nous avons dit comment
M. Féret avait découvert la véritable origine de
cette enceinte.

En 1647, Louis XIV et la reine régente, Anne
d'Autriche, vinrent à Dieppe; ils logèrent rue du
Haut-Pas, maison Miffaut. On leur donna la repré-
sentation d'un combat naval entre deux escadres
composées chacune de vingt à vingt-six canons.
Les habitants inspirèrent une telle confiance à leurs
majestés, qu'elles renvoyèrent leurs troupes pour
n'avoir plus qu'une garde bourgeoise. Les Dieppois
donnèrent une nouvelle preuve de leur fidélité, en
résistant aux séductions de la duchesse de Longueville.

En 1672, Louis XIV envoya son ministre Colbert
s'enquérir des besoins de la ville et des moyens
d'améliorer son port; le célèbre Vauban dressa de
nouveaux projets en 1681 et 1699.

En 1806, Napoléon Ier, comprenant l'importance
commerciale du port de Dieppe, ordonna la construction d'un bassin à flot; il avait déjà prescrit
en 1803 de réparer les écluses de chasse.

En 1811, l'empereur Napoléon et l'impératrice

Marie-Louise venaient visiter Dieppe. L'Empereur voulait reconnaître lui-même comment ses ordres avaient été exécutés.

Le 25 juillet 1815, Mme la Dauphine, duchesse d'Angoulême, débarqua à Dieppe, au milieu des acclamations des Dieppois.

Madame, duchesse de Berry, avait choisi Dieppe pour sa résidence d'automne. S. A. R. donna son nom aux bains *Caroline;* elle obtint que l'on reprît les travaux du bassin à flot, et souvent elle venait visiter les travaux et encourager par des paroles bienveillantes tous ceux qui contribuaient à leur exécution.

Louis-Philippe voulut dédommager Dieppe de la perte de sa protectrice. Les lois des 19 juillet 1837 et 25 mai 1842 ont affecté à l'amélioration du port de Dieppe un crédit de 2,250,000 fr. Une nouvelle loi, du 5 août 1839, a alloué 2,300,000 fr. pour l'établissement d'un bassin à flot dans l'arrière-port. Tous ces crédits ont été dépensés.

En 1853, l'empereur Napoléon III et S. M. l'Impératrice ont honoré Dieppe d'un séjour assez long pour rendre aux bains leur ancienne vogue, et à la ville la moisson qu'elle récolte lorsqu'une cour, et de nombreux étrangers, viennent réclamer le partage des habitations. Pendant que l'Impératrice s'occupait des écoles, de la manufacture de dentelles et des pauvres, l'Empereur étudiait les moyens de faire un grand port à Dieppe.

M. Magne, ministre de l'agriculture, du com-

merce et des travaux publics, m'a fait l'honneur
de me désigner pour donner à l'Empereur quelques
renseignements sur le port de Dieppe. J'ai trouvé
Sa Majesté fort préoccupée de l'état actuel de ce
port, cherchant les moyens de l'améliorer et même
de le reconstituer.

Sa Majesté avait lu le Mémoire de Lamblardie sur
les côtes de Normandie ; elle connaissait la marche
du galet, savait comment il encombre une partie
des ports de la Manche et rend leur entrée difficile
et dangereuse. Sa Majesté pensait donc qu'en s'a-
vançant en mer, au moyen de môles, on aurait des
profondeurs d'eau plus considérables, et que l'on
éviterait les envahissements du galet. L'Empereur
avait même pensé aux moyens d'exécuter ces môles, soit en les faisant discontinus, comme les Romains, soit en les faisant pleins, avec des blocs
extraits des falaises et transportés, au moyen de
chemins de fer établis sur le môle, à mesure que
les blocs, lancés en avant, s'élèveraient au-dessus
de la haute mer.

Je crus devoir appeler l'attention de l'Empereur
sur les dépenses considérables qu'occasionnerait la
construction des môles s'avançant assez dans la mer
pour obtenir un port toujours abordable, c'est-à-
dire dans lequel on pourrait entrer et duquel on
pourrait sortir à toute hauteur de la mer. Je fis observer à Sa Majesté qu'elle aurait ainsi créé *un port
de refuge*, dont l'utilité serait incontestable, mais
que l'on pouvait se demander si c'était bien à

Dieppe qu'il convenait de l'établir ; que la question que soulevait Sa Majesté était fort grave, qu'il s'agissait de déterminer les points de la côte les plus convenables pour y établir des ports de refuge, si utiles en temps de guerre et en temps de paix, puisqu'ils doivent offrir un abri toujours accessible aux bâtiments poursuivis par des forces supérieures ou assaillis par des coups de vent ; j'ajoutai que la marine, la guerre, le commerce maritime et les travaux publics, devraient être appelés à concourir à une solution qui intéresse à un si haut degré tous ces services.

L'Empereur voulut bien apprécier ces observations. Sa Majesté réunit, sous sa présidence, une Commission qui discuta un programme rédigé de concert avec M. Renaud, ingénieur en chef, et M. Aribaut, ingénieur ordinaire. Ce programme, qui devra compléter et améliorer le port de Dieppe sans changer ses principales dispositions et sa destination, fut adopté par Sa Majesté, et M. le ministre ordonna les études des projets indiqués.

Ce programme peut se diviser en deux sections bien distinctes.

La première comprend les travaux de réparation ou de reconstruction des ouvrages intérieurs, savoir :

Estacades en amont de l'écluse de chasse et dans l'arrière-port...................... 186,000 fr.

Pont sur le canal des chasses........... 29,000

A reporter.............. 215,000 fr.

Report................................ 215,000 fr.
Reconstruction du pont tournant du bassin
à flot................................ 27,000
Déversoir au fond de la retenue......... 85,000
Achèvement de l'écluse et des portes du
bassin neuf............................ 10,000
Cale au fond de l'ancien bassin......... 60,000
Détournement de la route impériale n° 25 35,000
Creusement et curage de l'avant-port et des
bassins............................... 256,000
                                        ————————
Total de la première section....... 688,000 fr.

La seconde section comprend les ouvrages qui ont pour objet de produire du calme dans le port, d'entretenir une profondeur d'eau suffisante dans le chenal, et d'obtenir en dehors des jetées une passe constante, sûre et profonde; elle comprend les ouvrages suivants :

Modifications du brise-lames de la jetée de
l'est................................. 130,000 fr.
Construction du brise-lames de la jetée de
l'ouest............................... 152,000
Brise-lames du Petit-Veules............ 35,000
Risberme de la jetée de l'ouest........ 75,000
Réparation de l'écluse de chasse....... 105,000
Prolongement de la jetée de l'ouest sur cent
mètres de longueur.................... 500,000
                                        ————————
Total de la deuxième section..... 997,000 fr.

L'Empereur a désiré qu'on ajoutât à cette série de travaux le déplacement des chantiers de construction. Ce déplacement est estimé 250,000 fr.

RÉCAPITULATION.

Première section, travaux intérieurs... 688,000 fr.
Deuxième section, travaux ayant pour
objet d'obtenir du calme et de la profondeur. 997,000
Déplacement des chantiers de construc-
tion................................ 250,000

Total............ 1,935,000
Somme à valoir.......... 65,000

Total général............. 2,000,000 fr.

Cependant l'Empereur, séduit par les avantages des ports accessibles à toute hauteur de marée, a posé cette question à M. le ministre : Pourquoi, au lieu de dépenser successivement des sommes qui finissent par être considérables pour l'établissement, dans le système actuel, des ports, avant-ports, bassins à flot, etc., n'a-t-on pas préféré faire immédiatement une dépense suffisante pour avoir des ports toujours abordables en basse mer comme en haute mer, et pouvant servir de ports de refuge aux bâtiments de guerre et aux bâtiments du commerce?

J'ai rédigé, à propos de cette importante question, un Mémoire sur les ports de refuge, d'où j'extrais les considérations suivantes :

Lorsque les ports secondaires ont été créés, les besoins de la navigation étaient bien différents de ce qu'ils sont aujourd'hui ; ils n'exigeaient pas les travaux considérables et dispendieux qui ont été exécutés successivement.

Le port de Dieppe, par exemple, avait été choisi

Le port de Dieppe, par exemple, avait été choisi par les peuples du Nord, lorsqu'ils faisaient des excursions sur nos côtes; toute la vallée, jusqu'à Arques, pouvait alors recevoir leurs flottes, composées de bâtiments légers. La profondeur de l'entrée était entretenue par le mouvement alternatif des marées. Plus tard, lorsque les Dieppois faisaient des découvertes en Afrique et en Amérique, lorsque Ango faisait la guerre aux Portugais avec ses navires, leur port suffisait encore pour leurs bâtiments, tirant peu d'eau et pouvant supporter l'échouage. Mais lorsqu'on reconnut la nécessité d'augmenter le tonnage des bâtiments et de leur donner des formes plus fines, pour accroître leur vitesse, on reconnut en même temps la nécessité de les tenir toujours à flot dans des bassins. Comme le tirant d'eau des bâtiments augmentait en même temps que les alluvions encombraient davantage l'entrée du port, on imagina les chasses qui exigeaient une vaste retenue, et ces écluses aussi ingénieuses dans leurs dispositions que dans leur manœuvre.

Si l'on voulait aujourd'hui construire à Dieppe un port complet, qui pût en même temps servir de port de refuge, c'est-à-dire dans lequel on pourrait entrer et duquel on pourrait sortir à toutes hauteurs de marées, il faudrait construire des môles extérieurs et des ouvrages intérieurs. Ces travaux seraient difficiles et dispendieux, et la grande profondeur d'eau ne pourrait se conserver

7.

qu'au moyen de dragages fréquents et dispendieux.
On a vu, dans le cours de cette histoire, que la
rade projetée par De Cessart coûterait aujourd'hui
40 millions. Les idées de l'Empereur sur l'avancement en mer du port de Dieppe ne pourraient pas
se réaliser à moins de 12 à 15 millions, et ces travaux extérieurs ne dispenseraient pas des ouvrages
intérieurs nécessaires pour opérer les embarque-
ments et les débarquements.

Pour que l'on puisse comparer la dépense dans les
deux hypothèses posées par Sa Majesté, j'ai cherché
combien il en coûterait pour établir le port
de Dieppe, tel qu'il existe aujourd'hui. Il serait
impossible de trouver la somme des dépenses
réelles faites jusqu'à ce jour, car ces dépenses
ont été faites par les habitants, par la ville, par
la guerre, par la marine, par les ponts et chaussées. Beaucoup de ces dépenses sont des recon-
structions, des réparations, des entretiens; on
aurait donc, si l'on pouvait faire la somme des
dépenses faites, une dépense beaucoup trop élevée
et sûrement inexacte; j'ai donc évalué les ouvrages
existants ce qu'ils coûteraient si on les construisait
aujourd'hui; voici le résumé de cette estimation :

Cinq épis sur la plage.		100,000 fr.
Musoir de la jetée de l'ouest . . 1,000,000		
500m de long. de jetée à 4,000 f. 2,000,000	}	3,000,000
Brise-lames de la jetée de l'est, 2,100,000		
450m de long. de jetée à 4,000 f. 1,800,000	}	3,900,000
Avant-port. 1,000 mètr. de quais à 2,000 fr.		2,000,000
	A reporter...	9,000,000

Report................	9,000,000 fr.
Écluse de chasse....................	2,000,000
Canal de chasse, 400ᵐ d'estacades à 1,200 f.	480,000
Retenue. Indemnités, déversoirs, etc....	1,000,000
Arrière-port : 850ᵐ de murs de quais à 2,000 fr....................	1,700,000
Écluse donnant issue à la rivière........	100,000
Batardeau éclusé fermant l'arrière-port..	2,000,000
Ancien bassin, écluse d'entrée..........	2,000,000
500 mètres de murs de quais à 2,000 fr...	1,000,000
Déblais, dragage....................	1,000,000
Total..............	20,280,000
Ouvrages accessoires ou omis..........	2,720,000
Ouvrages compris dans le programme arrêté par l'Empereur................	2,000,000
Total général.........	25,000,000 fr.

On peut donc dire qu'avec 25,000,000, on construirait entièrement le port de Dieppe, tel qu'il existe aujourd'hui, en y apportant même de notables améliorations et d'utiles modifications, dont l'expérience a fait reconnaître la nécessité ; mais si l'on voulait en même temps en faire un port de refuge, accessible à toute hauteur de marée, il faudrait dépenser 40,000,000.

Savoir :

Ouvrages extérieurs................	20,000,000 fr.
Ouvrages intérieurs................	20,000,000
Total pareil.........	40,000,000 fr.

AB UNO DISCE OMNES !

CHAPITRE V.

LES ENVIRONS.

En sortant de Dieppe par le faubourg de la Barre, l'on trouve trois chemins : le premier, à droite, était autrefois la grande route de Dieppe à Rouen; il conduit sur le mont de Caux, hauteur qui fut fortifiée. Sur la gauche de ce chemin sont de vieilles constructions, dites le Château-Trompette. Le second chemin, plus escarpé, conduit à l'ancienne citadelle. Le troisième, planté de peupliers et de robiniers, se nomme chemin du Prêche, parce qu'il conduisait à un temple du culte réformé, qui était situé à l'extrémité du faubourg, au point où commence la rue de Caude-Côte.

CAUDE-CÔTE. — En suivant cette rue, on trouve un sentier qui se dirige sur des terrains de labour. C'est là qu'en 1826, M. Féret fit des fouilles, en présence de Madame duchesse de Berry, et mit à découvert un grand nombre d'urnes cinéraires. Cette sépulture remonte au temps des Antonins. Parvenu au sommet de la côte, on se dirige sur la droite, vers la chapelle de Caude-Côte. On découvre de cette chapelle un horizon très-étendu, d'un côté vers la mer, et de l'autre vers les coteaux et les vallées de l'intérieur. Il faut aller à Caude—

Côte pour voir un magnifique coucher du soleil dans l'Océan. Lorsque Chateaubriand visitait Dieppe, Caude-Côte était sa promenade favorite.

POURVILLE. — Le même chemin que l'on suit pour se rendre à Caude-Côte conduit, par une série de beaux points de vue, au hameau de Pourville. Nous avons déjà dit que lorsque la duchesse de Longueville fuyait précipitamment du château de Dieppe, elle tomba dans la rivière de Scie, dont l'embouchure est à Pourville. Cette mésaventure la força d'entrer au presbytère pour réparer, près d'un feu allumé à la hâte, le désordre causé par sa chute ; elle s'embarqua ensuite à bord d'un navire qui l'attendait en rade. Pour indemniser le pauvre curé de la paille et du bois qu'elle avait consumés, la duchesse ordonna au receveur de sa terre de Hautot, dont dépendait Pourville, de faire livrer tous les ans deux cents fagots au curé de Pourville. Cette rente, en nature, fut payée jusqu'à la révolution de 1789.

Les sites qui environnent Pourville sont tellement agrestes, qu'on appelait cet endroit le Val-d'Enfer, et qu'il a été regardé comme le séjour favori des démons et des sorcières. Ce hameau n'a pas toujours été aussi désert, si l'on en juge par un ancien tableau des droits perçus sur les marchandises que l'on y débarquait. D'après la tradition, saint Thomas de Cantorbéry serait venu sur cette grève sauvage, et la petite église dont on voit encore les ruines pittoresques lui était dédiée.

On croit que le chemin de Caude-Côte à Pourville, et qui se continue jusqu'à Varengeville et Sainte-Marguerite, est une ancienne voie romaine.

Revenant maintenant sur ses pas, pour suivre la grande route de Dieppe au Havre, on trouve d'abord le hameau de Janval, près duquel se trouvait l'ancien clos Bouchard, où Henri IV et Mayenne en vinrent encore aux mains, après la bataille d'Arques.

Après avoir descendu au petit Appeville, joli hameau, sur la rivière de Scie, et que l'on a franchi la côté opposée, on trouve sur la droite un chemin qui conduit à Hautot. Les maisons de campagne s'élèvent çà et là, au milieu des chaumières. Dans un petit bois, qui s'étend du côté de la mer, on aperçoit les tourelles d'un château en ruines, qui servit de repaire au sire Robert d'Etouteville, lorsqu'il guerroyait contre les bourgeois de Dieppe.

VARENGEVILLE. — A droite de la grande route, se présentent plusieurs chemins, qui mènent à Varengeville. Ce village est un des plus importants de l'arrondissement de Dieppe, et même de la Normandie, par sa population; il est aussi des plus beaux, sous le rapport des sites et des plantations. Le voyageur doit visiter le *Manoir d'Ango*, qui n'est plus qu'une ferme, mais c'est un beau reste d'une habitation princière. On y remarque des médaillons-portraits, entre autres, ceux qui représentent François Ier et Diane de Poitiers. Du haut d'une tour, qui s'élève dans un des angles du manoir, on jouit d'un point de vue d'une grande étendue et d'une grande beauté. Les magnifiques allées d'arbres qui dépendent de cette ancienne maison de campagne semblent appartenir à un parc. S. A. R. Madame a visité Varengeville en 1825 ; ce fut aussi un but de promenade pour l'empereur Napoléon III et l'Impératrice.

En quittant le Manoir d'Ango, on peut s'enfoncer dans le village, et aller visiter, sur le bord de la côte, la source connue sous le nom de *Martieu* ; là, se présente un site des plus agrestes, où l'on jouit en même temps de la vue de la mer et des falaises, qui se prolongent à l'horizon.

L'église de Varengeville est éloignée du village, au grand déplaisir des habitants ; elle est construite sur le bord de la falaise, qui lui sert de piédestal. Il paraît que cet inconvénient avait été vivement senti par les anciens habitants du village ; car on raconte que, fatigués d'aller si loin chercher les offices, ils démolirent l'église et transportèrent les matériaux au centre du village, pour la reconstruire plus près d'eux. Mais saint Valery, patron de la vieille église, préférant le premier emplacement, y transporta les matériaux et la reconstruisit en une *seule nuit*. Les habitants n'insistèrent pas ; ils promirent, au contraire, à saint Valery, de faire désormais la course sans murmurer.

Auprès cette église, dont l'ensemble est d'un bel effet, mais dont les détails font peu d'honneur

à l'architecte, on voit un tertre que l'on nomme
Le Câtelier, nom qui indique une ancienne forti-
fication : l'église primitive avait peut-être été placée près des châtelains, plutôt que près des vassaux.

PHARE DE L'AILLY. — Du village de Varengeville,
on se rend en peu de temps au phare de l'Ailly,
dont la construction remonte à 1775. Son architecture ressemble à celle des phares de la Hève. La
lumière est élevée de vingt mètres au-dessus du sol,
et de quatre-vingt-treize mètres au-dessus des plus
hautes mers. L'appareil d'éclairage est un feu
tournant, dont les éclipses se succèdent de minute
en minute. La portée du feu est de vingt-quatre
milles (quarante-quatre kilomètres). C'est un des
beaux résultats du système de lentilles à échelons
indiqué par Buffon, mais inventé de nouveau, et
appliqué si heureusement par Augustin Fresnel,
ingénieur des ponts et chaussées, qui a rendu toutes
les puissances maritimes tributaires de la France,
pour l'éclairage de leurs côtes.

On découvre, de la galerie qui entoure la lanterne,
une grande étendue de mer, et, du côté de la terre,
ces hautes futaies qui indiquent les grandes fermes
du pays de Caux.

Pourquoi faut-il qu'un monument si utile, construit pour résister au temps et à la tempête, soit
voué à une destruction certaine et prochaine ? Ce
phare a été établi à cent soixante mètres du bord
d'une falaise que la mer mine par son pied, et dont

les eaux pluviales détruisent le sommet. En moins
de quatre-vingts ans, la distance du phare au
bord de cette falaise a diminué de moitié; on doit
craindre que tous les efforts que l'on fait pour défendre la falaise et faire écouler les eaux latérale-
ment, ou même par des drains verticaux, ne
fassent que retarder le moment où il sera indispensable de reculer le phare, pour éviter une ca-
tastrophe.

SAINTE-MARGUERITE. — On descend du phare à
Sainte-Marguerite, village environné de côtes couvertes de bruyères et de joncs marins, et que
peut-être à cause de ce voisinage agreste on appelait autrefois Sainte-Marguerite de *Caprimont*
(Mont des Chèvres.) Ce surnom latin indiquait
déjà une origine romaine. Mais on acquit bientôt
la certitude que les Romains avaient habité cette
contrée, par la découverte d'une grande mosaïque,
que l'on a reconnue appartenir à une de ces grandes *villa* que les Romains établissaient sur les
côtes. On découvrit, plus tard, dans les environs,
d'autres mosaïques, puis des rangées de squelettes,
avec différentes armes, qui avaient dû appartenir
aux Francs et aux Saxons.

L'église a été construite à des époques différentes, elle doit dater de l'époque où les Normands firent la conquête de l'Angleterre, au milieu
du onzième siècle. Quelques parties peuvent être
du treizième siècle. Cette église a été restaurée en

1825, mais on a eu grand soin de conserver le caractère de l'ancienne architecture. Il existe dans le chœur un autel qui doit dater de l'origine de l'église, et dont les profils sont plus que sévères ; il a été remarqué et signalé par d'habiles archéologues. S. A. R. Madame, en visitant cette église, a voulu contribuer à sa restauration.

OUVILLE. — En remontant la Saâne, dont l'embouchure est à Sainte-Marguerite, on rencontre plusieurs villages, qui offrent une série de jolis paysages. Ouville-les-Trois-Rivières est un des plus considérables ; il se nomme ainsi parce que la Saâne se divise en trois bras, sur lesquels sont établis trois ponts pour le passage de la route de Dieppe à Rouen. On y remarque un manoir du seizième siècle, bâti sur le bord d'un magnifique étang, et environné de belles plantations. Son ancien propriétaire l'a fait réparer, en lui conservant son style primitif ; c'est un bon exemple à citer, et qui n'est pas assez imité.

GUEURES. — Au confluent de la Vienne et de la Saâne, plusieurs maisons éparpillées au milieu de riches plantations forment le village de Gueures ; un petit château, environné de jardins, meuble bien ce paysage ; une papeterie considérable, établie d'après de nouveaux procédés, répand l'aisance et la vie dans cette contrée.

AVREMENIL, village situé au-dessus de Gueures, à l'ouest de la vallée de la Saâne, doit être visité pour admirer le clocher de son église, flanqué d'une tourelle qui l'accompagne sur toute sa hauteur et qui lui donne un aspect oriental. Cette longue et mince tourelle contient un escalier qui conduit jusqu'au sommet. Cette construction, à la fois élégante et gracieuse, peut dater du douzième siècle. Elle devait faire partie d'une ancienne église qui a été reconstruite au seizième siècle. L'architecte a eu l'heureuse idée de conserver le clocher, qui est, sans contredit, le plus bel ornement de ce village.

LUNERAY, situé à l'ouest de Gueures, est remarquable par ses belles plantations et l'industrie de ses habitants, qui fabriquent des tissus de lin et de coton. Il y a dans ce village une église catholique et un temple du culte réformé.

LE BOURG-DUN. — Nous ne pouvons quitter cette partie de l'arrondissement dont nous avons atteint la limite, sans parler du Bourg-Dun, dont l'église a fixé l'attention des antiquaires. Il existait jadis une abbaye, déjà ancienne en 1015, dont Avremenil était une dépendance ; on ne doit donc pas être étonné de trouver dans l'église du Bourg-Dun trois styles bien distincts : du roman pur, de l'ogive de transition et de l'ogive fleurie des quinzième et seizième siècles. Après avoir décrit cette église avec son talent ordinaire de rédaction et d'observation, M. Vitet termine en disant : « Cette église est un « de ces monuments qui font le bonheur de l'anti- « quaire, parce qu'il y trouve à admirer, à critiquer

« et à étudier ; monument instructif par excellence,
« car il est comme un répertoire du style de toutes
« les époques et, parmi les échantillons qu'il donne,
« il en est qu'on peut hardiment signaler comme
« des modèles. »

SAINT-AUBIN. — Revenant sur nos pas pour suivre
la vallée de la Scie, à partir du point où nous l'a-
vons quittée, pour faire une excursion vers l'ouest,
nous trouvons le village de Saint-Aubin, où jail-
lissent les belles sources qui alimentent les fontaines de Dieppe. La petite église de Saint-Aubin n'a
rien de remarquable, si ce n'est une charmante
croix sculptée, adossée à la muraille, au-dessus des
fonts baptismaux, et qui provient de l'église démolie de Sauqueville.

SAUQUEVILLE (Saxeville, *Saxonis villa*). — Ce village possédait les ruines d'une église collégiale, une
des plus riches et des plus élégantes de la contrée.
Un châtelain, devenu industriel, obtint la malheu-
reuse autorisation de démolir ce religieux souvenir.
Il employa les matériaux à construire son usine,
après avoir mutilé toutes les sculptures et toutes les
formes artistiques qui gênaient le maçon exécuteur
des hautes œuvres. C'est à peine si l'on trouve encore çà et là quelques débris de chapiteaux trop
difformes ou de colonnettes trop *faibles* pour avoir
trouvé place dans la construction plate de l'usine,
et qui permettent de penser que les ruines regret-
tées dataient du quatorzième siècle.

NOTRE-DAME-DES-VERTUS. — Le bois qui entoure la rustique chapelle de ce village charme par les points de vue dont il est entouré. Des inscriptions rappellent que cette chapelle fut érigée après la cessation d'une peste terrible qui ravagea le grand village d'Offranville. Un camp de manœuvres fut établi, en 1756, sur les bruyères environnantes.

OFFRANVILLE. — Sur le coteau ouest de la vallée se trouve ce beau et vaste village. On y remarque plusieurs petits châteaux en briques qui meublent bien le paysage avec leurs quinconces et leurs avenues à double rang d'arbres. C'est un de ces châteaux qu'habitait la reine Hortense, en 1813. Ce pieux souvenir n'a pas été oublié par l'Empereur. L'église est importante, beaucoup de petites villes s'en contenteraient. Sa construction date de 1554 ; le vaisseau a 50 mètres de longueur sur 20 mètres de largeur. L'extérieur manque de grâce et de légèreté, mais la grande saillie des transepts donne à l'édifice un aspect monumental. Les fenêtres de la sacristie sont garnies de verreries d'une grande beauté. La pureté du dessin et la beauté des couleurs en font une œuvre remarquable, digne de figurer dans une cathédrale. On remarque dans le cimetière un if, monstrueux patriarche de la contrée. On chercherait en vain, au milieu des maisons propres et bien tenues de ce village, et des jardins fleuris qui les entourent, quelques traces des scènes de meurtres et de dévastation qui désolaient ces contrées, il y a trois siècles, lorsque les catholiques et les protestants s'entr'égorgeaient aux environs de Dieppe. Offranville fut, à plusieurs reprises, le théâtre de ces sanglantes rencontres ; on peut donc dire aussi : *Sic transeunt plagæ mundi*.

MIROMESNIL. — En se dirigeant sur le coteau de l'est, et suivant une rampe bordée d'arbres, on est conduit, par de longs détours, à une des plus belles habitations de Normandie, au château de Miromesnil. C'était la demeure du garde des sceaux Miromesnil, qui contresigna l'ordonnance de Louis XVI, du 24 août 1780, abolissant la torture. Il mourut dans sa terre, le 6 juillet 1796. Ce château, bâti en briques et pierre, flanqué de quatre tourelles et surmonté de belles mansardes qui déguisent et ornent ses grands toits, est d'un bel effet architectural. Les immenses plantations et la belle disposition des avenues font penser que Lenôtre, l'auteur des jardins de Versailles, a donné des conseils aux jardiniers du château. On aime à trouver encore ces belles avenues bordées de colonnes majestueuses, dont les chapiteaux s'épanouissent en vastes berceaux, et ces bosquets à travers lesquels le soleil ne peut pénétrer ; on se croit plus grand, plus sérieux que dans ces jardins dont les allées, trop souvent tortueuses, manquent d'ombre et d'espace. On voit que l'on a voulu déguiser les limites et faire croire à la grandeur ; on y réussit quelquefois, en ajoutant la campagne au jardin par des dispositions ingénieuses; mais l'infranchissable saut-de-loup vient souvent détruire vos illusions.

CHARLES-MESNIL. — Un tertre, recouvert de gazon et de lierre, indique la place qu'occupait le château de Charles-Mesnil, dont Talbot s'empara facilement en 1442, lorsqu'il vint assiéger Dieppe. Il s'appelait alors le Mesnil-Haquet; mais Charles VII s'étant arrêté dans ce manoir, après avoir rémporté, aux bords de la Scie, un avantage sur les Anglais, Sa Majesté permit que le nom de Charles-Mesnil fût substitué à l'ancien nom.

A quelques pas des ruines du château est une source abondante, formant un vaste réservoir, dont les eaux vont grossir la Scie.

LONGUEVILLE. — Gros bourg, plus long que large, ainsi que l'indique son nom. Les ruines du château de Longueville rappellent d'intéressants souvenirs historiques. Sa construction remonte au onzième siècle; son fondateur, Gaultier Giffard, fut un des compagnons de Guillaume le Conquérant. Charles V en avait fait don, en 1364, au connétable Duguesclin; en 1443, Charles VII le donna au bâtard d'Orléans, comte de Dunois. Ces ruines sont tombées dans des mains barbares; la plus belle tour a été convertie en bâtiments ruraux; mais, au moins, cette profanation n'est pas apparente, tandis que la construction, élevée sur la base d'une des an-

ciennes tours, déshonore ces ruines, dont l'ensemble est encore respectable.

L'abbaye, ou le prieuré de Longueville, dont il
reste quelques vestiges dans le vallon, au pied du
château, fut fondée en 1084 par le même Gaultier-
Giffard, pour recevoir des religieux de l'ordre de
Cluni. Ce monastère jouissait d'une certaine célébrité.

MONTIGNY. — On ne peut quitter Longueville sans
avoir visité les beaux bois et le château de Montigny,
appartenant à M. le comte d'Ambray, fils du chan-
celier de France sous Charles X, qui exerçait l'hospitalité avec cette digne aménité qui caractérise la
noblesse du cœur.

LA CHAPELLE. — Dans ce village se trouve un château hospitalier, précédé de belles avenues, et dont
le savant propriétaire, M. de Bréauté, correspondant de l'Institut, sait observer les astres, et sait
aussi se faire des amis.

BACQUEVILLE. — Je ne puis abandonner cette partie
de l'arrondissement sans parler du bourg de Bacqueville, l'un des marchés les plus considérables
du département de la Seine-Inférieure. La place où
se tient ce marché est remarquable par son étendue
et sa régularité. Les campagnes qui environnent
Bacqueville sont de la plus grande richesse.

Faisons maintenant une excursion dans la vallée

d'Arques, en nous rendant par le chemin le plus
direct au point le plus intéressant, à l'ancienne ville
qui donne son nom à cette vallée. Ce chemin longe
le pied des coteaux à l'ouest de la vallée ; ses om-
brages et ses points de vue variés en font une promenade agréable. On passe par Saint-Pierre d'Épinay
et par le village de Bouteilles, près duquel on voit
les ruines d'une ancienne moinerie ; en moins
d'une heure on est au pied des ruines du château
d'Arques.

ARQUES a précédé Dieppe de plus d'un siècle. Placée
à la limite qui atteignait la mer dans les grandes
marées, cette ville était le port naturel des pirates et
des hommes du Nord qui exploraient les côtes pour
y trouver un abri et du butin. Guillaume le Conquérant donna cette ville à son oncle Guillaume,
en le faisant comte de Talon ; Arques devint la
capitale de ce comté. L'oncle, jaloux de la gloire
et de la prospérité du neveu, voulut s'emparer de
ses Etats. Il construisit à Arques une forteresse
que l'on considère comme l'origine du château. Ses
remparts ne purent le préserver d'une défaite ; il
termina ses jours dans l'exil.

Lorsque la Normandie fut réunie à la France, le
château d'Arques fut augmenté de plusieurs tours
réunies par de nouveaux remparts, et il devint une
des places fortes du royaume. Elle devait être livrée
aux Anglais en 1359, en vertu du traité de Brétigny
qui, heureusement, ne reçut pas son exécution ;

8

mais les Anglais s'en emparèrent en 1419, pour ne la rendre que trente ans plus tard, à Charles VII.

La ville d'Arques, qui étendait sa juridiction sur toute la Normandie pour la police des poids et mesures, n'était plus qu'un bourg au quinzième siècle ; mais elle avait conservé sa juridiction sur Dieppe. Ce ne fut qu'en 1650 que le bailliage d'Arques fut transféré dans le faubourg de la Barre. En 1728, les juges obtinrent l'autorisation de siéger dans la ville.

Le château et la ville d'Arques ont recouvré leur illustration en donnant le nom à la bataille qui soumit la France à Henri IV. Le canon du château d'Arques contribua beaucoup au succès de cette mémorable journée. Il était juste de consacrer le souvenir de ce service rendu à la France.

Lorsque Louis XIII vint à Dieppe, en 1617, il voulut voir le champ de bataille où Henri IV avait commencé la conquête de son royaume. On attribue à Louis XIII l'inscription que l'on voit à Arques, gravée sur une plaque de marbre noir, incrustée dans la façade d'une ancienne maison située à l'angle à droite du chemin qui conduit au château, en sortant de la grande place. Cette inscription est ainsi conçue :

ROY DE FRANCE ET DE NAVARRE ,
HENRI-LE-GRAND GAIGNA LA JOURNÉE
EN CE LIEU D'ARQUES , LE 21 SEPTEMBRE 1589.
IL MOVRVT LE 14 IOVR DE MAY 1610.

L'univers çainit son front des lavriers de la gloire ;

La France ha ses trophées et Paris ses trésors.'
Arqves, Yvry, Covtras, ont chacun ses victoires :
Les cievx ayent l'esprit, Saint-Denis a le corps.

LOVIS 13 EST ROY.

En 1647, lorsque Louis XIV passa par Arques
avec la reine régente, Arques et son château avaient
encore quelque importance ; mais cette forteresse
fut bientôt négligée, puis abandonnée. Les habitants d'Arques et des environs demandèrent l'autorisation d'employer les matériaux à leurs constructions; le gouvernement, en accordant cette
autorisation, commettait un crime de lèse-archéo-
logie. M. de Clieu fut un des premiers vandales
qui vinrent dépouiller le château de l'enveloppe
qui lui donnait du style, un âge, du caractère,
pour bâtir, en 1753, son château de Derchigny. En
1770, les religieuses d'Arques, qui ne se croyaient
pas obligées de respecter un instrument de guerre,
firent arracher les pierres des remparts d'Arques
pour les employer à la construction de leur couvent. En 1780, l'autorisation de démolir fut générale. Le château d'Arques fut alors exploité comme
une carrière; il ne reste plus aujourd'hui que
des tronçons, des noyaux, de ces quatorze tours à
deux et trois étages qui contenaient des magasins,
des logements, des prisons, de ce beau donjon qui
dominait le château et la ville, et d'où l'on décou-
vrait au loin l'approche et la force de l'ennemi. Les
courtines ne sont plus que des masses irrégulières

de maçonnerie de briques, de cailloux réunis par un mortier que le temps a rendu plus dur et plus résistant que tous les mortiers que l'art et la science ont inventés. On cherche les orifices de ces souterrains qui conduisaient au loin dans la campagne, et dont l'un, dit-on, s'étendait jusqu'à Dieppe.

Napoléon Ier, pendant son court séjour à Dieppe, voulut voir le champ de bataille d'Arques; toutes les gloires de la France lui étaient chères : il visita le château, souvenir historique d'une victoire.

Un jour, madame la duchesse de Berry se présenta à la porte de ce château en ruines; elle la trouva fermée; elle ne lui fut ouverte qu'après que la concierge se fut assurée que c'était la petite-fille d'Henri IV qui demandait à être introduite. Une petite fête, presque improvisée, célébra l'arrivée de Son Altesse Royale dans le château qui avait énergiquement défendu son aïeul. Cette scène fut jouée par les acteurs du Vaudeville, qui étaient alors à Dieppe. Il y eut un moment d'illusion; mais l'intérieur du château était si bien habité et si bien approvisionné, que la princesse s'aperçut bientôt que l'on avait eu le loisir d'organiser cet impromptu.

Tout récemment, Napoléon III et S. M. l'Impératrice ont aussi visité la forteresse et la ville déchues. LL. MM. impériales ont vivement regretté qu'un vandalisme autorisé eût mutilé d'aussi belles ruines.

La ville d'Arques n'a plus ni ses portes, ni ses

remparts, ni son bailliage, ni ses jolies maisons avec pignons sur rue et fenêtres à meneaux sculptés ou cannelés, et dont il reste à peine un seul échantillon ; mais elle a conservé son église, construite au seizième siècle, avec cette multiplicité d'ornements que la Renaissance savait si bien disposer et exécuter. Le vaisseau intérieur serait d'une agréable proportion, s'il n'était pas coupé par un jubé, auquel on pardonne quand on le voit si bien ajusté et si bien décoré. Quelques restes de vitraux peints et des lambris mutilés, mais artistement découpés, donnent une idée de ce que pouvait être ce monument, lorsqu'il était l'église d'une cité florissante, au lieu d'être une église de village.

Quoi qu'il en soit, Arques et son château méritent encore les honneurs d'une visite. On y trouve à la fois des souvenirs des arts cultivés avec succès, de gloire et de fidélité, et surtout de l'intérêt que prennent nos souverains à tout ce qui peut honorer la France.

ARCHELLES. — En traversant la vallée sur la chaussée d'Archelles, que l'on dit être une ancienne voie romaine, on trouve Archelles sur le bord de la forêt d'Arques. Ce joli village était jadis un faubourg de la ville, dont son nom paraît être un diminutif. La ville et son faubourg devaient alors communiquer par un viaduc de plusieurs *arches*, comme en savaient faire les Romains, et c'est peut-être cet ouvrage principal qui a donné son nom à *Arques* et à *Archelles*.

En suivant à gauche le chemin qui borde la forêt, on aperçoit bientôt l'obélisque qui indique le champ de bataille d'Arques. C'est sur ce même terrain que Philippe-Auguste, dans le douzième siècle, combattit les Normands et les Anglais.

SAINT-NICOLAS D'ALIERMONT. — Remontant maintenant un chemin qui traverse la forêt d'Arques, de l'ouest à l'est, dans sa plus grande dimension, on parvient à Saint-Nicolas d'Aliermont. Après avoir parcouru cette forêt silencieuse que vous croyez conduire à un désert, vous entendez tout à coup le bruit du marteau forgeant, de la lime stridente. Vous êtes dans une longue rue bordée de maisons uniformes, couvertes en ardoises. Vous apercevez, à travers de hauts et larges vitrages, des ouvriers, je devrais dire des artistes, préparant, ajustant ces mouvements d'holorgerie si bien perfectionnés par le chef et le maître de cette colonie, M. Honoré Pons, qui a rendu la vie et la prospérité à cette population industrieuse, restée longtemps stationnaire, faute d'être éclairée et dirigée.

Saint-Nicolas d'Aliermont a la prétention d'avoir pour origine un établissement romain, que l'on appelait *Arelanum*. Toute cette contrée était, en effet, autrefois couverte par une forêt qui s'étendait jusqu'à la ville d'Eu, appelée *Silva arelana*. On dit aussi qu'il existait un fort *Arelanum*; mais il serait difficile à Saint-Nicolas d'Aliermont d'établir sa généalogie de manière à prouver que les Romains furent ses premiers fondateurs. Il fera mieux de se glorifier de son fondateur moderne.

ANCOURT. — Ce village, situé sur la rive droite de l'Eaulne, est visité par les amateurs de ces anciens vitraux dont nous cherchons à imiter la beauté des couleurs. M. Vitet a décrit avec détails, et en les admirant, les sept verrières qui ont échappé, comme par miracle, aux bandes protestantes qui, pour détruire les images, détruisaient des chefs-d'œuvre. On voit aussi à Ancourt un bénitier semblable à celui de Saint-Remy ; il n'a pas été plus expliqué.

MARTIN-ÉGLISE. — Ce village, situé sur la rive droite de l'Eaulne, près de son embouchure, dans la vallée d'Arques, se compose de maisons éparpillées au milieu d'un bois de hautes futaies. Le nom de ce village semble indiquer que l'église est un monument qui doit attirer toute l'attention, en éclipsant ce qui l'environne. Il n'en est rien, l'église n'est remarquable que par sa simplicité ; on la cherche parmi les maisons au milieu de cette forêt, et elle ne se distingue que par une croix couronnant le pignon d'un toit en chaume.

CITÉ DE LIMES, OU CAMP DE CÉSAR. — Plusieurs chemins conduisent à ce monument de terre et de gazon construit par les Gallo-Belges, et dont nous

avons déjà parlé dans les premières pages de cette
Notice, lorsque nous avons cherché l'origine de
Dieppe. Les cavaliers et les voitures devront suivre
la grande route, qui passe par le village de Brac-
quemont; les piétons devront préférer le mont de
l'Hôpital et l'ancien chemin de Dieppe à Criel, ou
suivre les quais du Pollet, et gravir une montée
dite *le Pignon*. Par cette dernière direction, l'on
arrive sur la falaise où fut élevée la bastille construite par Talbot, et prise par les Dieppois en 1442.
Un fort, dont on voit encore quelques ruines, fut
construit à cette même place. Du haut de cette
falaise, surtout à l'heure de la pleine mer, le port
et la ville de Dieppe, le château et les falaises de
l'ouest présentent un point de vue qui mérite-
rait les honneurs du diorama. A droite, la rade et
la pleine mer; à gauche, la vallée d'Arques ter-
minée par les ruines du château, complètent ce tableau ravissant.

On se trouve bientôt au fond du vallon du Puy,
hameau auquel la mer ne permet que de chétives
plantations, et, après avoir gravi un chemin assez
rude, vous arrivez au pied du grand rempart en
gazon, qui ferme l'*oppidum* du côté de l'ouest. En
vous promenant dans cette enceinte de 55 hectares,
vous trouvez les traces des *tumuli* et des *tuguria*,
si savamment devinés et découverts par M. Féret.

LA VILLE D'EU ET LE TRÉPORT. — Il ne faut pas trois
heures pour franchir les 25 kilomètres qui séparent

Dieppe de la ville d'Eu ; on est donc encore là dans les environs de Dieppe. La route que l'on suit est agréable à parcourir ; à gauche, on aperçoit souvent la mer et plusieurs voiles au large ; à droite, de belles fermes ou des châteaux environnés de parcs. Qu'il nous soit permis d'appeler l'attention, d'abord sur Vargemont, dont M. le comte d'Haubersart a su faire une charmante habitation. Le parc a été largement tracé, et l'on a su profiter d'une côte pour faire des promenades comme en pays de montagnes. Un peu plus loin on aperçoit, assez près de la route, le château de Derchigny, remarquable par les souvenirs qui s'y rattachent. Nous avons dit comment M. de Clieu, auquel la Martinique doit l'importation du café, avait construit le château. Quelques pierres de ce château formaient peut-être les embrasures des canons qui tirèrent du château d'Arques sur les ligueurs. La rareté ou la cherté de la pierre ne peuvent excuser ce méfait, qui doit, aux yeux des archéologues, ternir la mémoire de M. de Clieu.

Ce château appartenait à l'aimable famille de Clercy, lorsque Mme la duchesse de Berry y accepta deux fêtes brillantes, l'une en 1825, et l'autre en 1826. J'eus l'honneur d'assister à la seconde, et je me rappelle deux anecdotes, qui égayèrent la journée. Madame aimait la chasse, on voulut donc lui procurer ce plaisir, et, pour être sûr que S. A. R. trouverait du gibier dans le parc, on y lâcha un grand nombre de lapins élevés dans la basse-cour, et apprivoisés par ces dames, qui leur portaient chaque jour des herbes choisies. Au premier coup de fusil, ces animaux, épouvantés, vinrent chercher un refuge aux pieds de leurs bienfaitrices, et Madame fut assaillie, pour sa part, par cinq ou six peureux, qui ne voyaient que le costume protecteur, sans apercevoir l'arme fatale qui devait les atteindre. Un sentiment de compassion remplaça soudain le désir de la destruction, grâce générale fut accordée à tous les lapins effarouchés, et il fut décidé que la chasse serait continuée sur les terres extérieures. Mais voici bien un autre incident.

Lorsque Madame, emportée par son ardeur, traversait seule un champ de blé pour atteindre une compagnie de perdrix qui s'y était remisée, un garde-chasse, muni de tous ses insignes, surgit à l'improviste, et demande à Madame son port d'armes. Peu habituée à ces interpellations, Madame répond qu'elle ne croyait pas que les dames fussent soumises à cette obligation. Mais alors, reprend le garde, les dames pourront donc détruire notre gibier et fouler aux pieds nos récoltes? Monsieur le garde, vous ne me connaissez donc pas... Non, certainement, et c'est pour vous connaître que je vous demande votre port d'armes, ou bien vos nom, prénoms et qualités, afin que je dresse procès-verbal, pour valoir ce que de droit... S. A. R. allait décliner ses nom, prénoms et qualités, lorsque sa suite intervint, et chacun de s'empresser de témoigner des regrets en termes respectueux. Le garde, paraissant à son tour déconcerté, demandait avec moins d'assurance à qui il avait affaire, lorsque M. de Clercy se déclara caution de Mme la duchesse de Berry. Le garde alors se confond en excuses, et, prenant un ton et des manières qui lui paraissaient plus familiers que ceux d'un féroce garde champêtre, il chanta quelques couplets pour exprimer la satisfaction qu'éprouvera tout le pays en apprenant qu'il avait eu l'honneur d'une auguste visite ; il dit qu'au lieu de verbaliser, chacun s'empressera de mettre aux pieds de S. A. R. son hommage et son gibier. A chaque couplet, une portion de la barbe et des moustaches du garde disparaissait, et la princesse reconnut un de ses officiers les plus dévoués. Je crois qu'il était temps de terminer cette plaisanterie par d'aimables couplets, car sans cela je ne sais si le garde champêtre et ses illustres complices n'eussent pas été admonestés ; mais aucun nuage ne vint troubler cette joyeuse partie de chasse, le gibier seul fut victime.

VILLE D'EU. — Cette ville est d'origine fort ancienne ; elle fut érigée en comté en 996, en faveur d'un fils naturel de Richard Ier, duc de Normandie. Au treizième siècle, ce comté passa dans la maison de Brienne ; il fut confisqué en 1352 et donné à Jean d'Artois. En 1472, il échut au comte de Nevers. En 1745, Louis XI fit brûler la ville, pour l'empêcher de tomber aux mains des Anglais. Depuis, ce comté passa dans la maison de

Guise, par le mariage d'Henri le Balafré avec Catherine de Clèves, veuve d'Antoine de Croï. A la fin du dix-septième siècle, le comté fut vendu à Marie-Louise d'Orléans, demoiselle de Montpensier, qui le donna au duc du Maine, fils de Louis XIV, pour obtenir la liberté du duc de Lauzun. Il devint ensuite la propriété de la famille de Penthièvre et de celle d'Orléans.

Le château, qui s'élève près de l'église paroissiale, était une des maisons de plaisance de S. A. R. le duc d'Orléans, et il est devenu un des châteaux royaux de Louis-Philippe, et celui dont il préférait la résidence. Ce château est entouré de vastes jardins et d'un beau parc. On remarque, dans ce parc, une allée d'ormes séculaires, qui existait déjà du temps des Guises. Louis-Philippe voulait qu'on les respectât, il les appelait ses *guisards*. On prétend que c'est sous ces ormes que le duc de Guise, le Balafré, organisa la Ligue, dont il était le chef. Beaucoup de souvenirs se rattachent à ces lieux, entre autres celui de Mⁱˡᵉ de Montpensier, qui l'habita longtemps. Elle y recevait, sans doute, ceux qu'elle enrôlait dans les guerres de la Fronde; elle y composa, sous ces mêmes ormes, ses mémoires et ses romans, et peut-être aussi ses tardives réflexions sur le premier livre de l'*Imitation de Jésus-Christ*.

On voit encore, dans ce château, une galerie de portraits historiques, qui n'a rien de comparable en France. On y distingue un portrait de Louis XIV, que Louis-Philippe estimait beaucoup : on avait fait remarquer à Sa Majesté qu'elle avait quelque ressemblance avec le portrait :

La reine Victoria a été reçue dans ce château par Louis-Philippe, en 1843. Cette reine a laissé dans le pays de beaux et honorables souvenirs.

On conserve dans une des cours du château des débris de frises et de colonnes provenant d'une ruine romaine, située dans le bois *L'Abbé*, à peu de distance de la ville d'Eu.

L'église de la ville d'Eu est d'un beau gothique ; sa crypte, ou chapelle souterraine, mérite d'être visitée.

L'église du collége renferme les tombeaux du duc de Guise le Balafré, et de la duchesse son épouse, monument avoué par l'art. Par un hasard singulier, une veine noire dans le marbre fait une tache sur la figure de la duchesse, tandis que celle du duc est sans aucun accident.

On ne peut quitter la ville d'Eu sans avoir visité le Tréport. Voici quelques renseignements sur ce port, extraits des notes qui doivent servir à composer son histoire.

Lorsqu'on a dépassé le parc du château d'Eu, on aperçoit l'église du Tréport, construite à mi-côte ; elle tenait à une abbaye, dont il ne reste plus que quelques ruines. Le point de vue dont on jouit lorsqu'on est arrivé devant le portail de cette église dédommage de la peine que l'on a prise pour gravir le chemin qui y conduit.

9

Le port du Tréport est nommé dans toutes les anciennes chartres *ulterior portus*, sans doute parce qu'il était le dernier des ports de la Normandie. Les témoignages historiques montrent qu'aux neuvième et dixième siècles, les flottes des Normands pénétraient dans l'*ulterior portus*, et qu'ils amarraient leurs barques au pied de la forteresse que Rollon, leur chef, avait fait élever, en 912, sur l'emplacement du château actuel.

Au temps de Guillaume le Conquérant, de 1027 à 1087, la passe par laquelle on pénétrait dans la baie était au pied du coteau de droite, près du village de Mers; mais, en 1101, Henri, comte d'Eu, ferma cette passe, et en ouvrit une autre au pied du Tréport. La plaine, entre la mer et la ville d'Eu, était alors couverte par la mer à chaque marée, et le mouvement alternatif du flot et du jusant entretenait la profondeur de la passe. Quelquefois les eaux s'ouvraient deux passages. Ainsi, en 1639, le port avait deux entrées, l'une sous le Tréport, et l'autre au milieu de la vallée.

Cependant le sol des prairies s'exhaussait. De 1445 à 1468, époque à laquelle la maison d'Artois possédait le comté d'Eu, on essaya d'ouvrir un canal de la ville d'Eu à la mer; on l'appelait canal d'Artois; il fut continué plus tard, et prit le nom de canal de Penthièvre, mais il ne fut pas achevé.

De 1515 à 1563, on exécuta quelques travaux en maçonnerie, qui déterminèrent l'entrée et la position du port. On éleva une tour en grès pour protéger la population contre les fréquentes descentes des Anglais. Cette tour n'a été démolie qu'en 1840; il reste encore la porte qui fermait l'espace entre la tour et la falaise, et sur laquelle est gravée la date de 1563.

En 1640, on proposa au cardinal de Richelieu de construire au Tréport un port militaire. Ce projet n'eut pas de suite.

En 1654, on exécuta quelques travaux pour former un port; on construisit une jetée et des quais en bois.

En 1778, les encombrements du port et de la passe par le galet étaient tels qu'il ne montait plus, dans le port, en grande mer, de vive eau, que 3ᵐ,50 de hauteur d'eau; le chenal était réduit à 10ᵐ de largeur, et quelquefois l'entrée était entièrement fermée. Ce fut à cette époque que l'on construisit l'écluse de chasse; le duc de Penthièvre, grand amiral de France, propriétaire du château et d'une partie de la ville d'Eu, contribua à la dépense pour une somme de 470,000 liv.

Les guerres de l'Empire ne permirent pas même d'entretenir les jetées et les quais. Mais les chasses ouvraient un bon chenal, et le Tréport, livré à lui-même, prospérait; sa population augmentait, et le produit des pêches atteignait 1,000,000 fr.

Avec la révolution de Juillet commençait une ère nouvelle pour le Tréport. Ce port ressentit l'influence du voisinage d'un roi propriétaire et constructeur. De 1830 à 1843, des travaux considérables furent exécutés. Le Tréport a maintenant son bassin à flot.

Par suite de l'établissement des chemins de fer, qui réunissent beaucoup de ports à la capitale, le Tréport ne peut plus être considéré comme le port le plus voisin de Paris ; aussi les produits de la pêche ont-ils beaucoup diminué.

Le Tréport cherche à profiter de l'efficacité et de la mode des bains de mer ; les habitants ont fait ce qu'ils ont pu pour procurer aux baigneurs des logements commodes et pour installer convenablement le matériel des bains à la lame. On va, au Tréport, chercher la tranquillité, l'économie et un pays agréable à voir et à parcourir. Mais Dieppe aura toujours une grande supériorité par ses installations, sa société et ses plaisirs; c'est bien aussi quelque chose que d'être honoré du patronage des Souverains.

La ville de Dieppe saura-t-elle profiter de tous ses avantages sans en abuser?

FIN.

TABLE DES GRAVURES.

—

Plan de Dieppe en 1655.
Plan de Dieppe en 1854.
Plan des environs de Dieppe.
Vue des bains de Dieppe.
Cité de Limes ou Camp de César.
Château de Dieppe.
Manoir d'Ango.
Maison Bouzard.

———

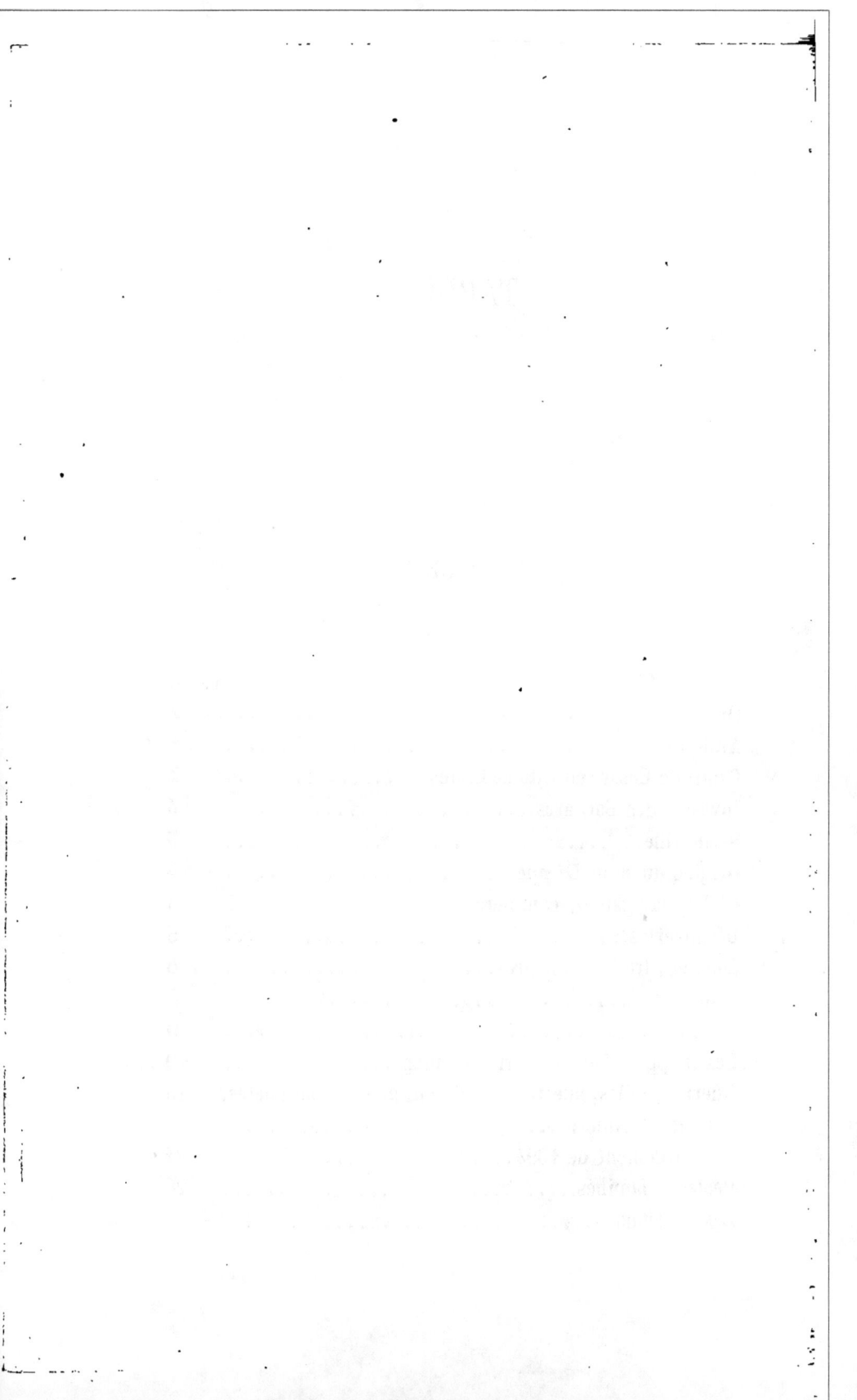

TABLE.

—

CHAPITRE Ier.

LA VILLE.

CHAPITRE II.

CHAPITRE III.

CHAPITRE IV.

LE PORT.

CHAPITRE V.

LES ENVIRONS

FIN DE LA TABLE.

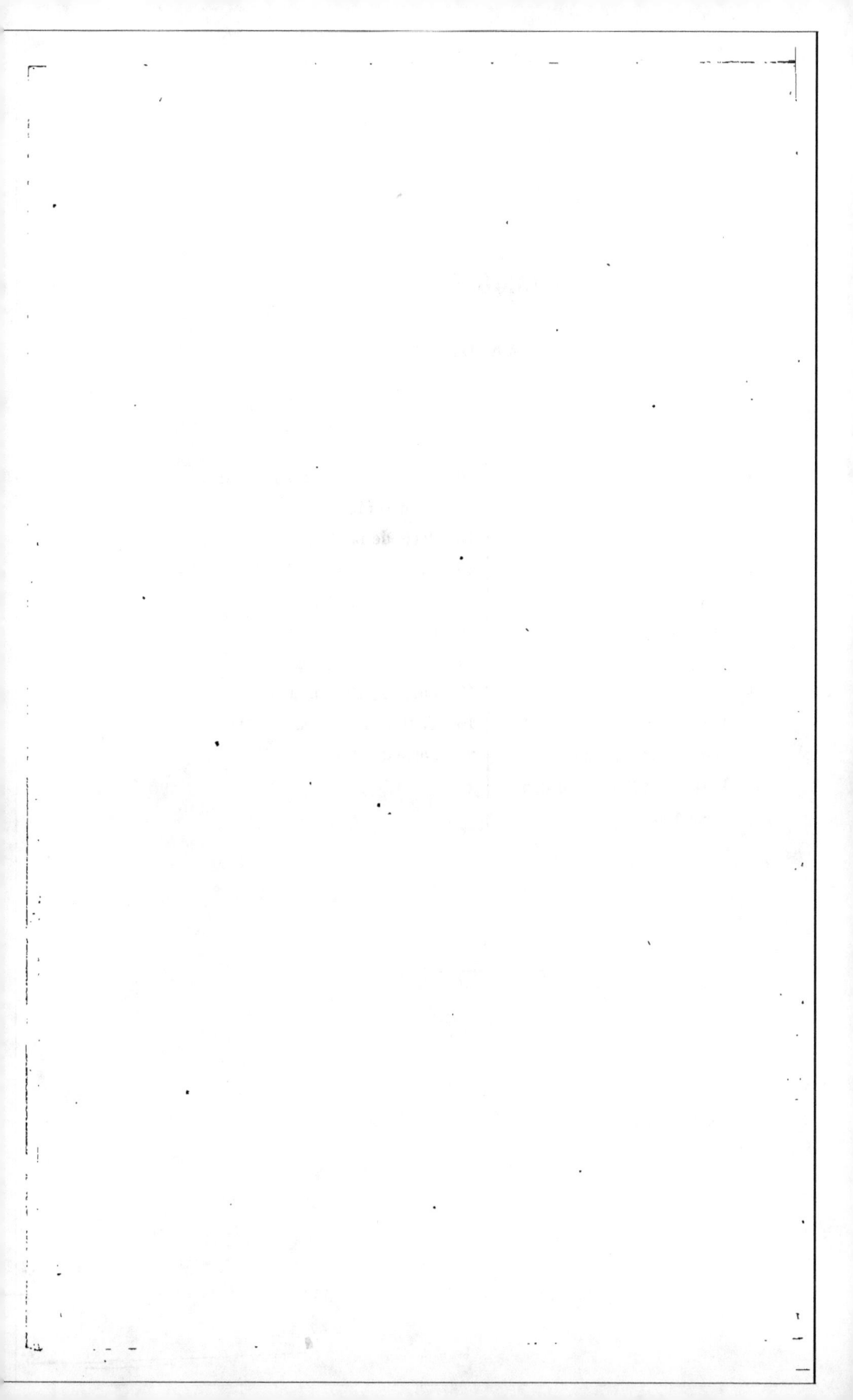

LÉGENDE

DU PLAN DE 1655.

1. La citadelle.
2. Le château.
3. Saint-Remy.
4. Saint-Jacques.
5. Hôtel-de-Ville.
6. Maison d'Ango.
7. Jetée.
8. Le Pollet.
9. Pont du Pollet.
10. Demi-lune du Pont.
11. Fort Châtillon, construit en 1589.

12. Fort du Pollet, construit en 1562.
13. Porte de la Barre.
14. Porte du Port-d'Ouest.
15. Porte de la Halle.
16. Porte de la Poissonnerie.
17. Porte Sailly.
18. Porte du Moulin-à-Vent.
19. Tour aux Crabes.
20. Porte du Pont.

Typ. Hennuyer.

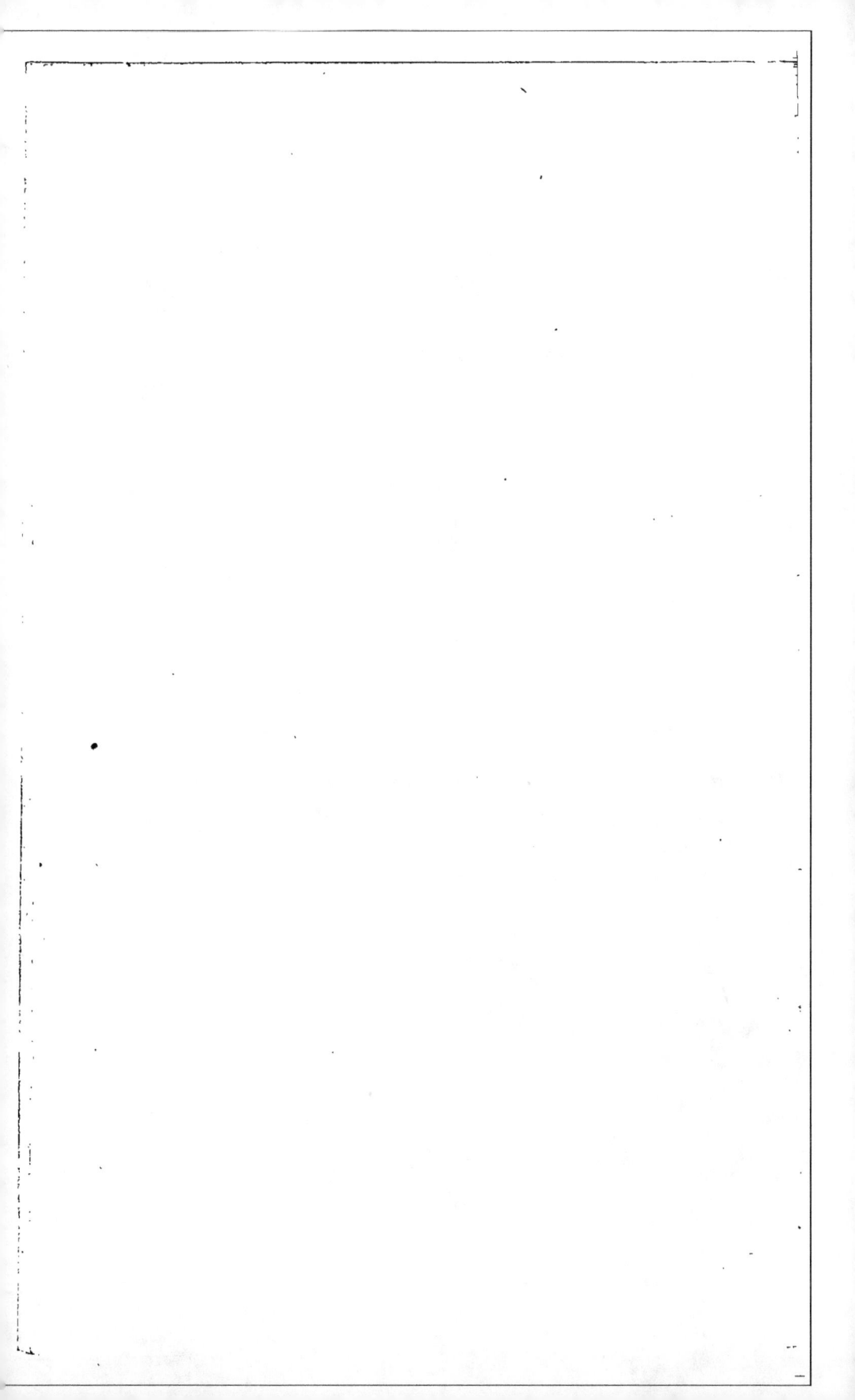

LÉGENDE

DU PLAN DE DIEPPE EN 1854.

- - - -

1. Eglise Saint-Jacques.
2. Église Saint-Remy.
3. Eglise du Pollet.
4. Temple protestant.
5. Hôtel-Dieu.
6. Hôpital-Général.
7. Sous-préfecture.
8. Hôtel-de-Ville. — Bibliothèque.
9. Tribunaux.
10. Douanes.
11. Collége.
12. Place du Port-d'Ouest.
13. Salle de spectacle.
14. Bains chauds.
15. Bains à la lame.
16. Château.
17. Cours Napoléon.
18. Hôtel de la Marine.
19. Tour aux Crabes.
20. Maison Bouzard.
21. Ancien fort.
22. Parc aux huîtres.
23. Cours Bourbon.
24. Canal de Dieppe.
25. Entrepôt.

- - - -

Typ. Hennuyer.

DIEPPE
en 1655.

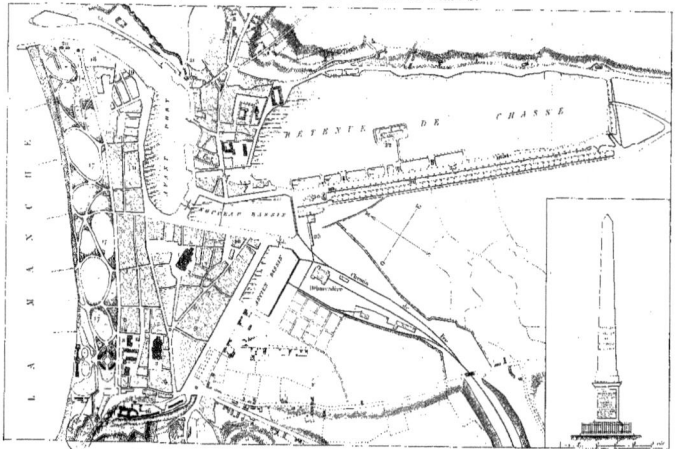

PLAN DE LA VILLE ET DU PORT DE DIEPPE.

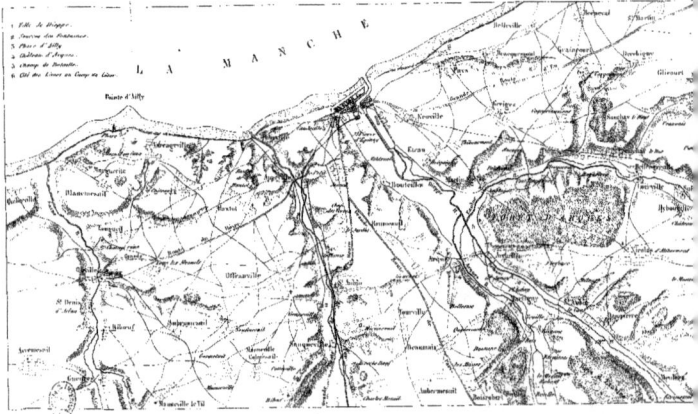

PLAN DES ENVIRONS DE LA VILLE DE DIEPPE.

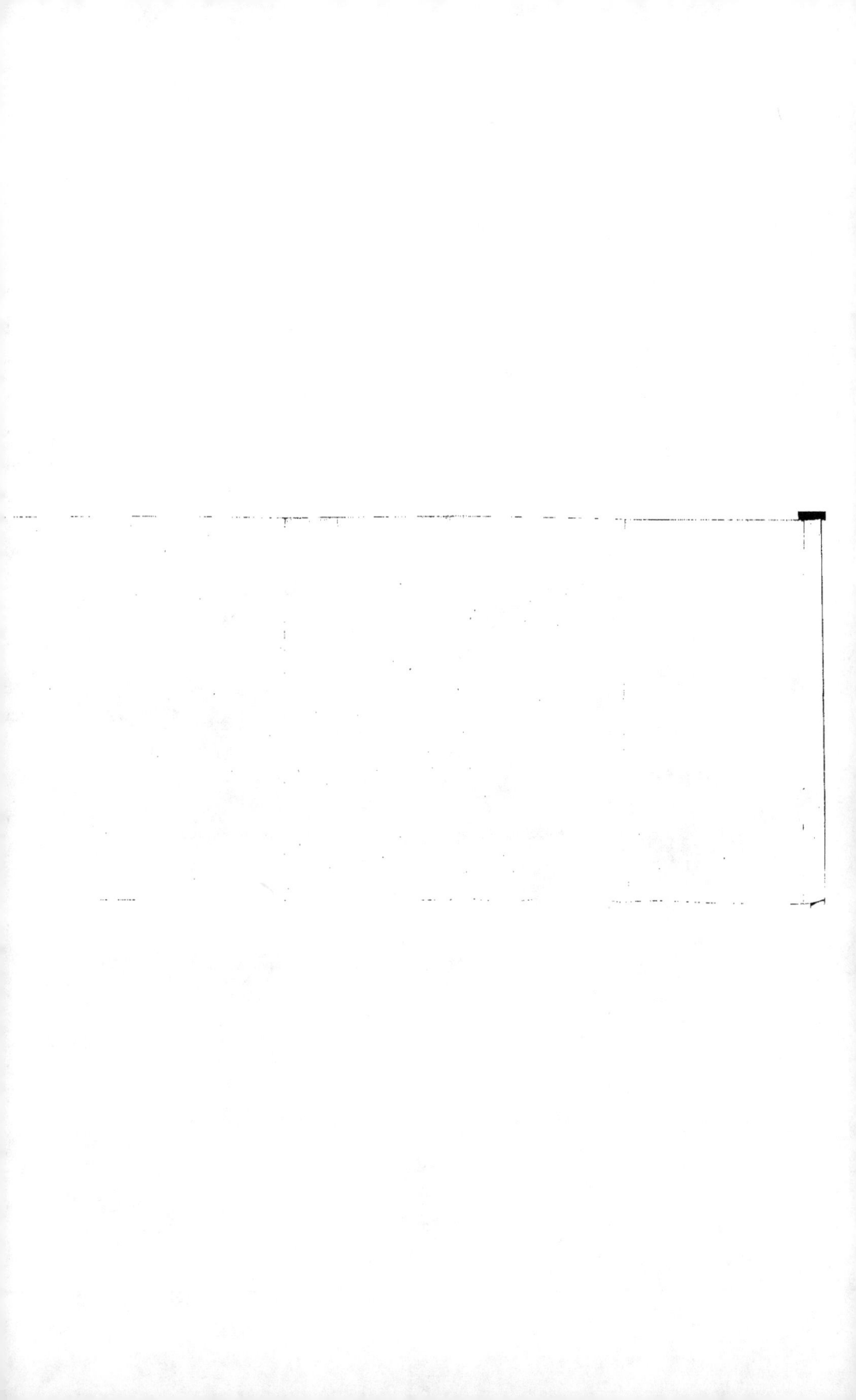

PLAN DE L'OPPIDUM GALLO-BELGE
connu sous les noms de
CITÉ DES LIMES et de CAMP DE CÉSAR.

Profil suivant A B.

LÉGENDE.

Topographie.

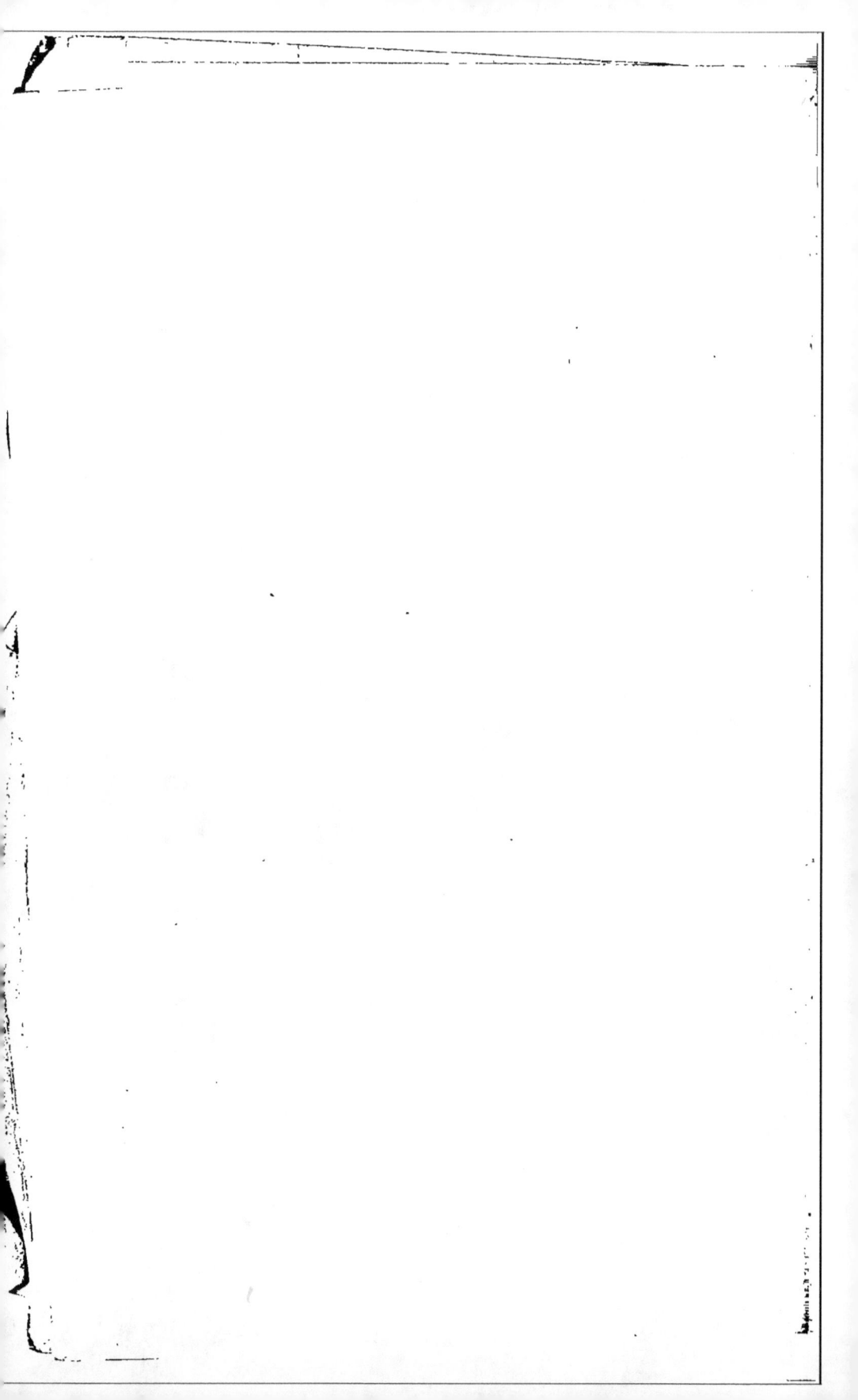

www.ingramcontent.com/pod-product-compliance
Lightning Source LLC
Chambersburg PA
CBHW072356200326
41519CB00015B/3779